简明

北京联合大学

校史读本

Beijing Union University

张楠 / 主编

北京联合大学 / 编著

知识产权出版社

全国百佳图书出版单位

图书在版编目（CIP）数据

简明北京联合大学校史读本 / 北京联合大学编著；张楠主编.—北京：
知识产权出版社，2017.4

ISBN 978-7-5130-4846-0

Ⅰ.①简… Ⅱ.①北… ②张… Ⅲ.①北京联合大学—校史 Ⅳ.①G649.281

中国版本图书馆CIP数据核字（2017）第069214号

内容摘要

本书回顾了北京联合大学，特别是其前身——北京地区36所大学分校的办学历程，着重展示了学校在各个时期取得的发展成就，和先贤们创业时的部分闪光画面。希望它能对北京联合大学全校师生员工、广大校友，乃至全社会了解学校的历史有所裨益；希望今天北京联合大学的学生能够从前人艰辛奋斗的足迹中，汲取宝贵的精神财富和奋斗的助推力。

责任编辑：兰　涛	责任校对：谷　洋
封面设计：郑　重	责任出版：刘译文

简明北京联合大学校史读本

北京联合大学　编著　张　楠　主编

出版发行：知识产权出版社 有限责任公司	网　　址：http://www.ipph.cn
社　　址：北京市海淀区西外太平庄 55 号	邮　　编：100081
责编电话：010-82000860 转 8325	责编邮箱：lantao@cnipr.com
发行电话：010-82000860 转 8101/8102	发行传真：010-82000893/82005070/82000270
印　　刷：北京科信印刷有限公司	经　　销：各大网上书店、新华书店及相关销售网点
开　　本：787mm×1092mm　1/16	印　　张：13
版　　次：2017 年 4 月第 1 版	印　　次：2017 年 4 月第 1 次印刷
字　　数：171 千字	定　　价：38.00 元

ISBN 978-7-5130-4846-0

编撰委员会

校　标

　　北京联合大学校标的整体轮廓为一个圆的形状。圆代表了"团结、和睦、美好、和谐、统一、完备、周全、全面"等理念，准确地传达了北京联合大学的总体办学思想，突出表达了全校师生团结在以"发展应用型教育，培养应用型人才，建设应用型大学"的办学宗旨下，携手共进，奋发图强，共创联大辉煌明天的信心与决心。

　　该标志的内部由字母"B"和"U"组成，正是北京联合大学英文的首字母"BUU"。字母"B"和"U"的组合形式，很巧妙地与数学上的麦比乌斯圈结合。麦比乌斯圈具有循环往复的几何特征，蕴含着永恒、无限的意义，代表了联大有着永恒的不竭动力和辉煌的发展前景，全校师生在"学以致用"校训指引下，兢兢业业地学习和工作，用自己辛勤的汗水和优异的成绩为建设发展北京联合大学而努力奋斗。

　　该标志的颜色采用蓝色。蓝色是理智的象征，代表着天空、海洋、执着和希望，象征着联大师生憧憬着美好的梦想，向着理想执着地努力拼搏。

学以致用

校　训❶

　　"学以致用"是"发展应用型教育，培养应用型人才，建设应用型大学"办学宗旨的核心内容，是"面向大众，服务首都；应用为本，争创一流"办学定位的精练表达。

　　"学以致用"的"学"，既是知识技能之学，又是理想道德之学；"学以致用"的"用"，既是知识技能之用，又是理想道德之用。以学用之道，达又红又专，做"四有"新人。

　　"学以致用"的"学"，是有用之学，能用之学；"学以致用"的"用"，是学了能用，学了会用。在这里，用规定学，学了为用；学用一体，不可分离。

　　"学以致用"的"学"，是勤奋好学之学，是讲究方法之学；"学以致用"的"用"，是敢于运用之用，是善于运用之用。在这里，勤学善用，学用相长；学无止境，用无止境。

　　"学以致用"，其意既在训导学生，也在勉励教师。教师之学、之教都在致用。要有学以致用之学生，须先有学以致用之教师；善于教人学以致用者，必先自己善于学以致用也。

---

　　❶　经中共北京联合大学委员会三届五次全体委员会审议通过，以2005年第1号校长令的形式公布。

前　言

　　北京联合大学是 1985 年经教育部批准成立的北京市属综合性大学，其前身是 1978 年北京市依靠北京大学、清华大学、中国人民大学、北京师范大学等 25 所高校创办的 36 所大学分校。基于这个历史缘由，在今天的北京城，从馥郁古香的城中心到钟灵鼎秀的昌平区，分布着我校的 12 个校区，学校的主校区是位于国家奥林匹克中心东侧的北四环校区。

　　30 多年来，北京联合大学坚持正确的办学方向，秉承自力更生、艰苦奋斗的"80 年代的延安精神"，倡导办学为民、应用为本，执着探索多学科交叉融合的办学之路；形成了本科教育为主体、应用型人才为培养目标的办学特色；形成了经、管、文、法、理、工、史、教、医、艺等多学科相互支撑，以本科教育为主，研究生教育、高职教育和继续教育协调发展的完备人才培养体系。

　　学校现有全日制在校生 2 万 4 千余人，其中本科生 2 万余人、高职生近 4 千人、外国留学生 1500 余人，以及一定数量的硕士研究生；还有各类成人教育学生 4000 多人。截至 2015 年年底，已为国家培养了 20 余万名毕业生。

　　一所大学的发展道路总是与时代、国家和所在地区的发展和命运息息相关。十年"文革"结束后的 1978 年，百业待兴，国家急需方方面面的建设人才；因高考停止 11 年而积压的广大知识青年渴望上大学。在林乎加同志的倡导和邓小平同志的支持之下，北京在 1978 年 12 月—1979 年 2 月的短短 3 个月内，创办起 36 所大学分校，首批招生 1.6 万余人。北京地区大学分校在北京市委、市政府和各大学本校的帮扶下，选择了少花钱、多培养人才的穷国办大教育的方式，以优良的教育质量，在 6 年左右的时间里成功地缓解了北京市人才紧缺的状况，培养了一大批至今活跃在北京乃至全国多地各行各业的优秀毕业生。

1985 年，在调整后的 15 所（成立时 12 所，同年又加入 3 所）大学分校的基础上，组建了一所全新的北京联合大学。学校审时度势，顺应社会发展趋势，根据首都建设需要统一规划，探索多学科、应用型、综合性大学的办学道路。以谭元堃、张玉如为代表的北京联大创办者，在筚路蓝缕、艰辛创业的同时，对应用型大学建设这一艰辛而伟大的实践进行了初步总结。以谭浩强、刘隆亨、林定基、朱耀廷为代表的一批植根北京联大、经世致用，投身于应用型教育、科研、社会服务的教育家、法学家和科研标兵、历史学家涌现出来。

20 世纪 90 年代中期，北京联合大学根据上级指示，创办高等职业教育，业绩斐然，并在海内外产生了较大的社会影响。20 世纪末 21 世纪初，北京联大根据社会需要及时扩大招生规模，为北京地区在全国率先实现高等教育大众化、普及化做出重大贡献。进入 21 世纪后，北京联大逐渐提炼并确定了"发展应用型教育，培养应用型人才，建设应用型大学"的办学宗旨，"面向大众，服务首都；应用为本，争创一流"的办学定位，和"学以致用"的校训；开展"教学质量与教学改革工程"和"本科教学工程"建设；实施教学品质提升计划；提出"学术立校、人才强校、开放兴校"的发展战略；以突出应用研究、推动学科发展，采取多种措施强化科研工作；积极拓展国际化办学，服务北京的世界城市建设，均取得良好成效。

2016 年以来，学校明确提出办学要立足北京城市发展需要，为地方提供更有力的服务。

北京联大关怀帮助弱势群体，在北京地区率先创办特殊高等教育。北京联大多次承担社会服务，参与或以主力完成 1990 年亚运会、

2001年世界大学生运动会的计算机系统设计与运行；参加2008年奥运会和残奥会、2009年国庆大典、2014年APEC峰会等国家许多重大活动的各类志愿者服务，还参加其他各类大大小小的社会服务，功勋卓著，相关各界赞许有加。

30多年的办学历程，北京联合大学已培养出许多优秀毕业生，有文化界的知名人士，还有众多的技术精英、企业高管、行业专家、大学教授，以及党和政府的高级干部。

30余年的艰辛奋斗，北京联大已经由起初在北京高等教育界的默默无闻，发展到成为北京教育界的一个巨大存在。她为北京各项事业的发展所做的基础性贡献有目共睹，获得了全社会相当程度的认可。

诞生于改革开放伊始，发展于改革开放之中，与改革开放同龄的北京联合大学始终与时俱进，敏锐地捕捉时代跳动的脉搏和社会需求，用创新的思维解决发展中所遇到的各种问题。今后，北京联合大学将继续充分发挥内在潜力，全面提高办学质量，立足北京、服务社会，朝着建设首都人民满意的高水平有特色的城市型、应用型大学的目标而努力奋斗！

目 录

第一章

改革开放之初肇基（1978—1984 年）

1978 年，百业待兴的中国急需各方面的建设者；由于"文革"期间没有举行高考，而七七级和七八级两级高考招生又极其有限，无法满足积压了 11 年之久的广大知识青年要求上大学的迫切愿望，于是，大学分校应运而生。北京地区大学分校从 1978 年诞生到 1985 年组建成为北京联合大学，存续仅 6 年，但其历史功绩不可磨灭。

在中国，"知识青年"作为一个历史概念，指从 1950 年开始到"文革"结束为止从城市下放到农村或兵团务农的年轻人。1966 年，在"文革"的影响下高考停止。到 1968 年，许多中学毕业生既无法进入大学，又无法被安排工作。1968 年 12 月 22 日《人民日报》发表题为"我们也有两只手，不在城里吃闲饭"的文章，引用毛泽东"知识青年到农村去，接受贫下中农的再教育，很有必要"的指示。1969 年许多年轻人因此下乡去农村。至 1976 年，全国每年有上百万知识青年被分配上山下乡。1977 年，恢复高考，大多数在农村的知识青年想方设法要回到故乡去。1980 年 10 月 1 日，中央基本上决定过去下乡的知识青年可以回故乡城市。从 20 世纪 50 年代到 70 年代末，上山下乡的知识青年总数在 1200 万～1800 万人。

"知识青年"作为一般概念，还包括在城镇读过高中之后回乡的年轻人。

灭。北京地区大学分校前后为 1.8 万余名青年圆了大学梦，为北京市培养了大批急需的专门人才；也为北京联合大学的建立奠定了基础，是北京联合大学的前身。

一、北京地区大学分校创立的背景

改革开放之初，百业待兴。国家建设急需大批人才，广大知识青年迫切要求上大学。由于十年动乱的严重影响，国家11年没有举行高考。本属于全国科技文化发展前列的北京市，各方面的专业技术人才也严重不足。据统计，1978年北京市的职工中科技人员只占6.7%，其中受过高等教育的科技人员只占3%左右。❶北京市公交、建筑系统的技术人员，平均只占职工总数的5.5%，而农林、财贸等系统技术人员的比例更低，与四个现代化建设的需求差距很大。而在恢复高考后的1981年1月北京50所高校在校大学生仅6.3万人，❷仅相当于20世纪50年代中期的水平。上述状况远远不能适应百业待兴的时代当口——国家和北京市对各种专业人才的需求。

1977年12月10—12日，北京市举行"文革"后第一次高等学校统一招生考试。积压了11年的知识青年加上应届高中毕业生，使参加高考的人数达15.89万人，仅录取14 605人。半年

1977年，由于"文革"的冲击而中断了11年的中国高考制度得以恢复，中国由此重新迎来了尊重知识、尊重人才的春天。1977年9月，教育部在北京召开全国高等学校招生工作会议，决定恢复已经停止11年的全国高等院校招生考试，以统一考试、择优录取的方式选拔人才上大学。恢复高考的招生对象是：工人、农民、上山下乡和回乡知识青年、复员军人、干部和应届高中毕业生。

后的1978年暑期，北京市举行了第二次统一招生考试，报名人数

---

❶ 转引自《谭元堃文集》第21页《谭元堃文集》（北京联合大学编，张楠主编；北京出版社2013年版）是《足迹——北京联合大学文库》的第一本，全书以5/6的篇幅收录了北京联合大学首任校长谭元堃同志在北京市高教局和北京联合大学任职前后撰写的一些文件、报告、讲话和文章，全部依据学校现存档案（少量依据北京市档案馆等相关单位所藏档案）整理而成；还有1/6的篇幅，收录了同事、亲属对谭元堃同志的追忆。该书是研究北京联合大学及北京地区大学分校历史的珍贵的第二手资料。

❷ 转引自《谭元堃文集》第50页。.

有 9.4 万人，录取 17 445 人。当时尚有考分在 300 分（达到录取分数线）以上的近 1.6 万人未能录取。广大知识青年迫切期望实现心中企盼已久的大学梦。同年，天津也出现类似情况。

1978 年初夏，时任天津市委第一书记的林乎加同志，针对天津市高考中达到及格线的考生很多，最终因招生名额太少而上不了大学的状况，专门召开了一个教育系统会议，研究对策。7 月，天津市委研究决定：为加速培养各种人才以适应新时期总任务的需要，天津市高等学校在完成当年国家下达的招生任务外，再扩大招生，由天津市自备经费解决校舍等问题，设立大学分校进行培养。时任教育部部长刘西尧就此事给邓小平同志写信。8 月 13 日，邓小平批示："我看可以让天津办，创点经验。"9 月，林乎加又给邓小平写了一封信，说明当前大学闲置教员很多，不能人尽其才。天津市有能力办一些分校，可以让更多的青年上大学。邓小平很快批示："这是好事情，国家财政又不拿钱，可以让他们试试嘛！"得到批示后，天津市依托已有的大学，自筹资金办了 10 所分校，扩招了 6600 多名学生。

1978 年 9 月 12 日，北京市政府向国务院上报《关于大学扩大招生问题的请示报告》，其中提出："目前我市各条战线的技术人员严重

> 北京市向国务院上报的《关于大学扩大招生问题的请示报告》的起草人，就是后来担任北京联合大学首任校长的谭元堃同志；时任中共北京市委教育工作部副部长。

不足……各条战线迫切希望大学能扩大招生，更多更快地为国家培养人才。经市委常委讨论，拟仿照天津市的办法：实行大学办分校，扩大招生名额。初步设想，把这次考试总分在 300 分以上、而体检和政审又合格的考生约 2.6 万人都收进来，即除按国家计划录取约 1 万人外，增办大学分校再录取 1.6 万人左右。"

1978 年 10 月，林乎加由天津调任北京市委第一书记。当时，1978 级新生已经入学。和天津相比，

> 本校，是指当时建立大学分校的各高等院校，也称作"大学""老大学""大学本校""老校""总校"。

北京达到及格线而未能录取的考生更多，社会反映更强烈。林乎加在 10 月 14 日市委常委会议上指出："四个现代化需要人才，广大青年要求学习，我赞成 300 分以上的 15000 人要解决，300 分以下、单科成绩优异的也可以考虑。扩大招生，实行大学办分校，挂大学分校的牌子。本校和分校，要统一学制，课程和教材要同样的标准，要达到本校的水平，质量不能降低。"

11 月 11 日，林乎加在市委常委扩大会议上再次强调："大学分校要坚决办，而且越快越好。在办学过程中逐步改进，逐步完善。"1978 年 11 月，北京市政府做出建立大学分校的决定，随即进入紧张的筹备阶段。12 月初发布招生简章，接着开展报名、政审、体检、录取等工作。1979 年 2 月 3 日，36 所大学分校在首都体育馆举行开学典礼。随即正式开学上课。前后仅用 3 个月的时间，建起由北京大学、清华大学、中国人民大学、北京师范大学等 25 所老大学支持的 36 所大学分校（院）。包括工科 17 所、师范 3 所、医科 4 所、外语 4 所、农科 1 所，文科及综合类 7 所，学制一般 4 年，医科 5 年，首届招收学生 16 043 人。

时任中共北京市委第一书记林乎加会见外宾

北京市高等学校分校首届招生方案如表 1-1 所示。

表 1-1　北京市高等学校分校首届招生方案 ●

序号	学校名称	主管部门	协作单位	校址	专业设置	学生总数(人)	备注
1	北京大学第一分校	西城区		原183中（阜成门外西口）	数学、物理、化学、生物、地理、中文、历史、图书馆学（文、理）	1200	
2	中国人民大学第一分校	崇文区		原117中（广渠门夕照寺）	哲学、政治经济学、中共党史、法学、国民经济计划、统计学、财务会计、商业经济、工业经济、农业经济、中国文学、新闻、社会科学情报资料	920	
3	中国人民大学第二分校	西城区		原162中（西城丰盛胡同）	哲学、政治经济学、国际共产主义运动史、中共党史、法学、国民经济计划、统计学、财政金融、财务会计、商业经济、工业经济、农业经济、中国文学、新闻、档案	880	
4	北京外国语学院分院	西城区		原西城教师进修学校（阜外甘家口）	英语、日语、法语	300	
5	北京第二外国语学院分院	东城区		原73中（东四十条豁口外）	英语、日语、法语	500	
6	北京语言学院分院	西城区		原西城教师进修学校（阜外甘家口）	英语、法语	100	
7	北京外贸学院分院	东城区		原外馆中学（东城安外黄寺）	英语、日语、法语	300	部分远郊学生住读

● 转引自陈大白主编：《北京高等教育文献资料选编（1977—1992）》,首都师范大学出版社 2008 年版，第 109~111 页。本表为 1978 年制表。

简明

北京联合大学
BEIJING UNION UNIVERSITY

校史读本

006

序号	学校名称	主管部门	协作单位	校址	专业设置	学生总数(人)	备注
8	北京医学院分院	海淀区	卫生局	原暂安处小学(海淀五道口)	医学、医学传染病专门化、医学精神病专门化、医学结核病专门化、卫生、口腔	500	部分远郊学生住读
9	北京中医学院分院	东城区	卫生局	原和平北街小学(东城区和平里蒋宅口)	中医、中药	400	
10	北京第二医学院第一分院	宣武区	卫生局	原141中学(原宣武区盆儿胡同)	医学、医学眼科专门化、医学耳鼻喉科专门化、医学妇产科专门化、口腔	500	部分远郊学生住读
11	北京第二医学院第二分院	二办		东城后城北湾	医学	30	住读、自办
12	北京师范大学第一分校	朝阳区	教育局	原东大桥小学(朝外东大桥)	中文、政治理论、历史	680	部分远郊学生住读
13	北京师范大学第二分校	东城区	教育局	原外馆中学(东城安外黄寺)	数学、物理、化学、生物、地理	520	部分远郊学生住读
14	北京师范学院分院	宣武区	教育局	原76中(宣武南横街)	中文、历史、数学、物理、化学、生物、地理	600	
15	中央财政金融学院分院	本院		财政金融学院(海淀区)	财政、金融	50	
16	北京商学院分院	本院		阜成门外白堆子	商业经济	100	
17	北京经济学院分院	物资局		物资学校(原宣武区右安门)	计划统计、劳动经济、工业财务会计、计算机程序设计、物资管理	200	
18	华北农业大学分校	农林局		北京农业技术学校(良乡)	农学、蔬菜、果林、畜牧、农业经济管理	500	全部住读

序号	学校名称	主管部门	协作单位	校址	专业设置	学生总数（人）	备注
19	清华大学第一分校	东城区	仪表局电力局	原91中（东城黄化门）	电子技术、电力工程	1000	
20	清华大学第二分校	崇文区	汽车工业公司建工局	原沙子口小学（原崇文区沙子口）	机械工程、建筑工程	1000	
21	北京航空学院第一分院	一轻局	二轻局	原日用品工业公司（宣武珠市口）	电子技术（含自动化、计算机）	600	
22	北京航空学院第二分院	二轻局	一轻局	原朝阳区塑料制品厂（八里庄）	机械工程（含机械设计、机制工艺、金属材料及热处理、空气循环制冷）	400	
23	北京航空学院第三分院	七机部一院		七机部一院（南苑东高地）	系统工程、航空材料及工艺	100	由一院主办，北航协助
24	北京工业学院第一分院	纺织局	仪表局	原印染技校（朝阳区十里堡）	机械工程	500	
25	北京工业学院第二分院	仪表局	纺织局	原西城电子元件厂（西城象来街）	电子技术	500	
26	北京钢铁学院第一分院	冶金局		轧钢技校（海淀区学院路）	冶金机械、自动化、钢铁冶金、金属材料	400	
27	北京钢铁学院第二分院	首钢公司		首都钢铁公司（石景山）	轧钢、自动化	200	
28	北京化工学院第一分院	化工局		化工学校（西城什刹海）	化学工程、化工机械、化工分析、自动化	550	
29	北京化工学院第二分院	石化总厂		石化区	石油化工	80	石化总厂自办
30	北方交通大学分校	北京铁路分局		原铁路八小（海淀北蜂窝）	机车电传动、内燃机车、有线通信、无线通信、运输组织及自动化	500	

007

第一章　改革开放之初肇基（1978—1984年）

序号	学校名称	主管部门	协作单位	校址	专业设置	学生总数(人)	备注
31	北京邮电学院分院	海淀区	电信局长途局	原双清路中学（海淀区双清路）	无线电技术、通信	800	
32	北京工业大学第一分校	机械局		机电研究院（朝阳区三里屯）	机械制造、自动化	500	
33	北京工业大学第二分校	市科委		原暂安处小学（海淀五道口）	计算机软件、计算机硬件、电加工	400	由计算中心主办，工大协助
34	北京建筑工程学院分院	市政工程局		市政工程局党校（朝阳区八里庄）	工程机械	200	
35	北京化纤学院分院	本院	纺织局	化纤学院（朝阳区定福庄）	化纤、染整	100	
36	北京大学第二分校	华北计算技术研究所		华北计算机研究所（德胜门外苇子坑）	计算机软件	100	自办

二、地方支持创办大学分校 ❶

　　为组建大学分校，北京市委常委会研究决定，从地方财政拨款1200万元作为开办费；责成6个城区、近郊区迅速腾出15所中小学，相关业务局腾出工厂、企业10处，共约9万平方米作为校舍，并对这些校舍全部做了整修。

　　分校一开办，北京市就为分校配备了比较先进的电教器材：总计有25套闭路电视、1300多台电视机、6套语言实

> 北航二分院设在朝阳区塑料制品厂，由车间改为教室，总共打15个隔断而形成。当时这15个隔断给修房部门增加了很大的工作量，市二轻局工程队加班突击，克服困难，10天就完成了全部修缮任务。

❶ 本标题相关数据，转引自《谭元堃文集》第24、28、34、46、59页。

验室、670多台录音机、100多台投影仪和幻灯机；并成立主要为分校和市属大学服务的电教录像中心。在那个时代，各大学分校比较早地、广泛地使用了电化教学手段。截至1980年7月，市委及有关部门为分校购置汽车130辆、课桌椅5万套、办公家具6000件、图书61万册，建立30多个简易实验室。❶

据北京联大原总务长、曾任北京市高教局计划财务处处长李渭同志回忆：20世纪70年代末分校初创时期，国家财力匮乏，北京市拨给大学分校学生的拨款是每人每年1000元，仅是其他普通高校年生均拨款的一半。为省钱，高教局专门派人到市建材局所属的南郊木材厂商量，用工厂的边角料给学生们赶做了1.3万套桌椅。

各分校成立后急缺车辆，市委主管文教的书记毛连珏同志知道后很着急，他曾当过上海市委秘书长。就让李渭专门打电话向上海求援，硬是要来3辆面包车，立即拨给3所分校。

到1981年1月28日，北京市地方财政对各分校的拨款已达4600万元，还拨给200万美元的地方外汇，进口成套的电化教育设备。截至1984年5月，北京市累计向大学分校投入1亿元。这些投入都为大学分校的创建和持续办学提供了必要的物质保证。

北京市委组织部及有关部门为各分校抽调配备了领导班子。各大学本校则向分校派出教学领导干部和兼课教师。到1981年1月28日，各大学分校已有专任教师800人和干部职工2000人。到1984年5月，北京市已帮助各分校配备教职员工4400人，其中教师2000人，配备校级领导干部百余人。

三、依托大学本校保证教学条件

大学分校的重要特点是依托大学本校。新建立的大学分校，既

---

❶ 本章扩展阅读的真实故事，主要来自北京联合大学校庆30周年时编的《心中的记忆》一书中（还有少量信息来源于北京联合大学党委宣传部编、高东主编《媒体档案 北京联合大学 1978—2004》）一些老同志、创业者、亲历者的回忆文章，读来津津有味，于是提取出来以飨读者。恕不一一注明出处。

无教师又无办学经验，教学工作完全依靠大学本校。大学本校充分发挥其长期积累的教育资源优势，给分校办学以鼎力支持。

1. 派出教学领导干部，负责主持分校的教务工作。各分校的教学负责人和教务长，以及大部分教学干部都由大学委派，负责分校的全部教务工作。我国著名的宪法学家许崇德，1984 年 8 月—1987 年 7 月就曾在中国人民大学第二分校（1985 年更名为北京联合大学文法学院）任校长 ❶；还曾任北京联大文法学院首任院长，并连续数年为该分校学生讲课，还在 1986—1992 年担任《北京联合大学学报》第一届编辑委员会副主任。❷ 著名数学家、北京大学原校长丁石孙，1978 年 11 月—1979 年 12 月曾在北京联合大学应用文理学院前身的北京大学第一分校数学系任教并担任系主任。❸

2. 积极安排骨干教学力量。本校每年向分校派出 1500 名左右的兼课教师，承担了分校的主要教学任务；总计派出毕业指导教师 2000 余名。这些兼课教师中，讲师以上职称的占 60%。北京航空学院、北京师范学院派来的兼课教师中，讲师、副教授占 80% 以上。北京大学当时或后来的著名教授王力、丁石孙、侯仁之、周一良、罗豪才、沈克琦、沙健孙、张注洪等先生都曾到分校授课。北京农业大学派出的兼课教师和教学干部都住在分校，经常下班辅导，兼做学生思想工作。在北京工业大学二分校兼课的北京科技大学曾肯成教授、在北京外语学院分院兼课的北京外国语学院张道真副教授（赫赫有名的"张道真英语"的编著者）等先生，除了认真上好课外，还经常对分校的教学工作提出改进意见，并主动为培养尖子生增开课程。❹

所谓走教，就是指当时各大学本校派出教师到分校授课。

在这一时期，分校也逐步引进少量师资，比如后来声誉卓著的

❶ 熊家华主编：《北京联合大学志（1978—2000）》，科学出版社 2006 年版，第 1399 页。

❷ 《北京联合大学志（1978—2000）》，第 97 页。

❸ 《北京联合大学志（1978—2000）》，第 1311 页、第 1389 页。

❹ 《谭元堃文集》，第 25 页。

我国杰出的计算机教育专家谭浩强教授、著名经济法和金融法学家刘隆亨教授、著名元史和古代文化史专家朱耀廷教授，都分别来到清华分校和北大分校任教。

3. 为分校提供教材。有些大学本校还为分校图书馆提供部分图书资料。北京师范大学为保证分校教学的需要，把原来为本校学生准备的教材优先提供分校，甚至动员本校高年级同学把用过的教材借给分校学生。

4. 为分校安排实验课。截至 1980 年 7 月，在分校开办 1 年半的时间里，25 所理工科分校的学生共做实验 1530 次，其中 1163 次实验是在本校做的，占其所做全部实验的 76%。为使分校的实验课按时进行，本校想了很多办法，有的加班加点为分校服务；北方交通大学和北京第二医学院安排分校学生在白天做实验，把本校学生的实验课安排在晚上；北京医科大学的一些实验室星期日也专门为分校学生开放。

不少大学的后勤部门，积极帮助分校筹建实验室、图书馆，设计建筑，安装电教设备和指导会计建账等，传授了不少办学经验。

许多大学本校的领导非常关心分校的工作。清华大学的校长兼党委书记刘达、北京大学党委书记韩天石、中国人民大学党委副书记胡林均、北京师范学院院长崔耀先 ❶ 等都曾到分校看望师生。中国人民大学的校、院领导，还多次到两所分校做报告。许多分校同志反映："大学本校是我们的强大靠山。分校教学工作缺人给人，缺书给书，缺实验条件给实验条件，缺工作经验就手把手地传授。没有这些热情无私的扶持，分校是办不起来的。"

简而言之，大学分校坚持教学计划、课程设置、教学大纲、教材都与本校同类专业一样，并聘请本校同专业教师授课，很好地保证了分校的教学质量和人才培养质量。

---

❶《谭元堃文集》，第 26 页。

四、贴近行业需求办分校

大学分校的另一个特点，就是在其建立之初便得到北京市各相关工业局、总公司在人力、财力和物力方面的大力支持，使办学活动能够比较好地贴近实际需求，学生就业也有一定的方向性。当时，在 36 所大学分校中，隶属于高教局、旅游局、外贸局、冶金局、仪表局、卫生局、纺织局等行业主管局的有 18 所；另外 18 所分校中，有 7 所采取了行业主管部门及企业进行协办的方式。分校与行业企业之间的紧密联系，为日后广泛开展产学合作教育奠定了基础，并为服务北京、培养符合行业企业需要的应用型人才创造了条件（见表 1-2）。

表 1-2　大学分校主管部门、协作部门名单 ❶

学校名称	主管部门	协作部门
北京大学一分校	市高教局	
中国人民大学一分校	市高教局	
中国人民大学二分校	市高教局	
清华大学第一分校	市高教局	市电子仪表局、电力局
清华大学第二分校	市高教局	市汽车工业公司、建工局
北京邮电学院分院	市高教局	市电信局、长途电信局、邮政局
北京师范大学一分校	市高教局	市教育局
北京师范大学二分校	市高教局	市教育局
北京师范学院分院	市高教局	市教育局
北京外国语学院分院	市高教局	市教育局
北京语言学院分院	市高教局	市教育局
北京医学院分院	市高教局	市卫生局
北京中医学院分院	市高教局	市卫生局
北京第二医学院一分院	市高教局	市卫生局
北京农业大学分校	市高教局	市农办

---

❶ 本表系 1980 年 6 月谭元堃同志在担任中共北京市委教育工作部副部长时，起草的重要文件《关于北京市大学分校领导体制若干问题的规定》的附录。转引自《谭元堃文集》，第 89~90 页。

学校名称	主管部门	协作部门
北京第二外国语学院分院	市旅游局	
北京外贸学院分院	市外贸局	
北京钢铁学院一分院	市冶金局	
北京钢铁学院二分院	首都钢铁公司	
北京化工学院一分院	市化工局	
北京化工学院二分院	燕山石化总公司	
北京工业学院一分院	市纺织局	
北京工业学院二分院	市电子仪表局	
北京航空学院一分院	市一轻局	
北京航空学院二分院	市二轻局	
北京航空学院三分院	七机部一院	
北方交通大学分校	北京铁路分局	
北京工业大学一分校	市机械局	
北京工业大学二分校	市科委	
北京建筑工程学院分院	市市政工程局	
北京经济学院分院	市物资局	
北京第二医学院二分院	市国防工办	
北京商学院分院	北京商学院	
中央财政金融学院分院	中央财政金融学院	
北京化纤学院分院	北京化纤学院	
北京大学二分校	四机部十九院	

北京市机械局为北京工业大学一分校提供的校舍

简明

北京联合大学
BEIJING UNION UNIVERSITY

校史读本

京棉厂为北京工业学院一分院腾出的厂房

五、初创奠基时的苦乐酸甜

20世纪70年代末，国家和北京市的财力都很匮乏，加上上马紧促，所以各分校几乎没有学生宿舍，教室、食堂等校舍和各种设施不仅简陋，而且严重不足，条件异常艰苦。当时的校舍全部由中小学或工厂改建而成，有些分校的教室是临时搭建的。

北航二分院建院初期，多数干部是从工业战线改行来的，不太熟悉高教工作情况。一次，一位管后勤工作的同志气呼呼地找到北航二分院的领导小组负责人张奇生同志说："老张，这知识分子的事真不好办。他们还要两间大衣室，你说咱们的大衣往哪儿放不行啊，为什么非要专门放大衣的房子？"张奇生同志笑着对他说："不是那么回事，人家要的是答疑室。学生在学习中遇到了疑难问题，要向老师请教。这需要有个地方，以便学生找到老师。"后勤同志恍然大悟，"啊，不是大衣室，是答疑室啊。明白了，应该应该。"

北大一分校78级学生吴欧在《母校琐忆》中回忆，当时该分校暂借西城区甘家口原北京市归国华侨文化补习学校的一座6000平方米的楼房做临时校舍。遇到《中国通史》这样几个系合上的大课，就借用华侨文化补习学校的大礼堂。里面排放着犹如公园长椅那样本色木条钉成的简朴单薄的长椅。坐上去摇摇晃晃，嘎嘎作响。一次上大课，有位同学因为身体太重，不知怎的一下子连人带椅子坍了下去，引得全场大笑。

清华大学分校学生在露天食堂就餐

北京邮电学院分院学生参加建校义务劳动，亲手搭建自己的教室

　　许多分校创办之初，连食堂都没有，于是（夏天）就在露天食堂就餐；还有的分校联系附近的饭铺，尽量解决师生的就餐问题。鉴于教室的紧张，许多分校的各级员工都挤在狭小的"天宇"下办公，一些资历很老的分校领导也与大家同甘共苦。❶

---

　　❶　北京第二医学院一分院，是北京联合大学管理学院的前身之一。1978 年 12 月,北京航空学院一分院和北京航空学院二分院分别成立。1982 年 11 月，北航一分院和二分院合并为北京航空学院分院。1983 年 12 月，北京师范学院分院和北京第二医学院一分院（位于原宣武区盆儿胡同 55 号）部分教职工连同其校舍并入北航分院。1984 年 3 月，盆儿胡同 55 号为北航分院校址。1985 年 3 月，北航分院归入北京联大，更名为北京联合大学轻工工程学院。1986 年 9 月，改称北京联合大学建材轻工学院。1997 年 12 月，建材轻工学院建制撤销，并入北京联大校本部，与电子自动化工程学院合并，组成（老）信息学院和应用技术学院。2002 年 1—4 月，北京联大对原机械工程学院、信息学院、应用技术学院的专业学科进行整合重组，取消了这 3 个学院的二级法人资格；成立北京联大（新）信息学院、机电学院、自动化学院、管理学院，纳入校本部直接管理。

1979年，北工大一分校教学楼305室，是校领导和两个系的系主任共用的办公室，全校两系和基础部的教师们则挤在地下室一个稍微大些的房间里。筹备实验室是在楼前的工棚里，里面的人夏季战酷暑，冬季战严寒；其他行政科室的同志也是在同样的工作条件下咬着牙坚持办公。张广华老师当时曾打趣说："咱们这是在螺蛳壳里做道场！"

北京邮电学院分院的教学楼冬天没有暖气，教职工轮流每天早晨7点到校，为27个教室生火炉。为避免停电影响教学，教职工齐心协力，利用假日昼夜突击，在较短时间里安装好了一台柴油发电机。广大师生还以旧代新，自行安装了一部50门电话交换机……大家心里抱定的宗旨是，办学条件差，但教学质量不能差。

北京第二医学院一分院初创时，院领导和院办公室、政治处、教务处都挤在一幢老式木结构的二层小楼里办公，总共8个每间约10平方米的小屋，还没有暖气，冬天要自己生火取暖。该分院党委书记、院长张昌黎同志，是老红军出身的行政11级干部，每天骑自行车往返1个多小时上下班。当时学院没有食堂，无论盛夏还是严冬，他每天都和其他教职工一样，在露天的厨房窗口前排队买饭。为落实学生实习医院，他亲自跑各个医院联系，安排落实。

人大一分校的校领导孙乃东同志，多次去市里甚至去人民大会堂参加会议，都没有坐专车，而是骑着校办工厂的一辆三轮摩托车前去，他丝毫没有觉得降低了身份。

清华二分校领导小组组长马乐清是1937年参加革命的老同志，调到分校前是炮兵师长。1979年在全校大会上他用洪亮的声音跟师生们讲："艰苦奋斗的创业精神，是无产阶级的本色……我们不能买一个'四化'，也不能等一个'四化'，我们只有发扬艰苦奋斗的精神，'四化'才会有希望。"他保持了官兵一致、同甘共苦的工作作风，进校后就在办公室里支了个活动床，晚上很少回家。在他的带领下，学校的干部职工也经常加班加点。有一次，老马山西老家的人开车进京来看他，带了几麻袋土豆。老马立即就把食堂炊事员叫到办公室，让把土豆全部抬到食堂去，还说："学校就是我的家。"

当时许多分校的操场往往只有篮球场那么大，但各分校普遍高度重视体育课和体育活动，克服困难，因地制宜，采取各种方式上好体育课：有时让学生绕着胡同跑，有时教师自己背着器械带着学生到校外租借场馆上课。邮电分院在弹丸之地建球场，采取见缝插针的办法把校园内能用的地方按班级划分为做操区，以保证学生做课间操。

教职工以饱满的热情和奉献的精神，投入创建分校和精心教学的活动，学生则十分珍惜这来之不易的学习机会，学习热情高涨，求知欲极强。

清华大学一分校电子810班杨念东同学家在密云县，借住在同学的亲戚家的防震棚里，一到雨天，外面下大雨，屋里下小雨，条件十分艰苦。他还从没学过外语。但他凭着一股顽强的精神全心扑在学习上，成绩很好。像他这样刻苦学习的例子不胜枚举。

北师大二分校化学系78级学生徐克兰，考入分校时已年过30，是两个孩子的妈妈，家住通州区徐辛庄公社。因离家远而在学校附近租房居住。她克服种种困难顽强学习，在各方面也严格要求自己。1979年期末考试，她总平均93分，被评为"三好学生"。

人大二分校新闻系78级学生田慧明，在年近而立、成婚育女之后上大学。他每天很早把小女儿从睡梦中唤醒，洗脸穿衣之后把女儿放在自行车大梁特制的小椅子上，先把女儿送到幼儿园，再进自己的位于北京西四丰盛胡同的大学校门，下午课后再去接孩子回家。每月靠19.5元助学金度日。

清华分校有的女同学中午要赶回去给孩子喂奶，有的女同学上课时把自己无人看管的孩子放在教室门口。

学生们抓紧时间、如饥似渴地学习，在上学路上和公交车站看书、背外语单词。在市、区图书馆和公园的僻静处，经常有他们学习的身影。广大师生员工走读走教，虽苦犹甜，乐在其中。

走读，学生们每天骑自行车（或乘公交车）上学

因为没有会议室，教职工开会要在办公室听广播

当时分校没有学生宿舍，于是实行走读走教。各分校结合走读走教的特点，发挥电化教学等现代化教学手段的优势，开设辅导课、习题课，探索、实践有效的教学模式。北师大一分校3个系在一学期开设的17门课程中，有12门课程采用电视直播或录像进行教学。在大学分校417个教学班中，有近360个班的学生通过电视上北京大学郑培蒂老师的英语课。

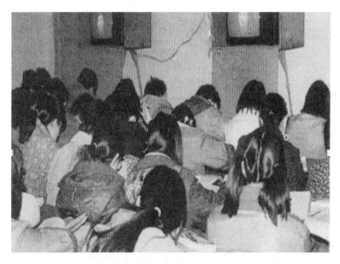

78级学生通过闭路电视，如饥似渴地学习

电教人员在为上课教师录像

同时，分校通过"两会一访"（教学业务会、教师座谈会、登门拜访）等形式，向兼课教师介绍学生的学习情况，增加教师对学生的了解。辅导员、班主任经常下班听课，了解学生学习情况，因材施教，对有数学潜力的学生开设线性代数课，英语课实行快、慢班制。还定期对学生进行家访，发挥家庭教育的作用。分校通过开展学习经验交流、学科竞赛、互帮互学等活动，调动了学生的学习积极性；通过形势教育、学雷锋创三好活动、家长座谈会等形式，有针对性地开展思想教育工作。

为拓展学生专业知识、开阔其视野，北大一分校、北师大一分校、人大二分校经常举办"名师讲堂"，邀请专家教授来校做学术讲座。著名学者于光远、侯仁之，数学家王元院士，著名相声表演艺术家侯宝林，著名书法家兼教育家启功，都曾莅临分校讲演。

艰苦的条件不仅能够历练人的意志，而且照样能产生蓬勃向上的生活。当时各分校学生的文体生活丰富多彩。各分校学生会、分校团委、班委会、团支部经常举办各种有意义的活动，学生自己办刊物，用蜡纸刻字，油印小报，办剧社、诗刊，开化装舞会；同时积极组织学生参加共建校园的义务劳动，平操场、盖食堂、打扫卫生，与职工一起共同建设校园，形成一种刻苦学习、艰苦奋斗、积极向上的校园氛围。

北二外分院 78 级学生张红是该分院女篮队员。有一次参加北京高校篮球联赛，对方实力很强。赛前，学院男篮教练王宏老师说："这场球如果输球不超过 40 分，我们就请客。"王老师不仅给她们打气，还制定了非常有效的战略战术。最终，她们居然以 27:24 赢了。大家高兴极了。教练王宏老师当场决定不回学校了，直接把大家带到紫竹院公园爽爽地玩了一把，然后还去北京著名的莫斯科餐厅撮了一顿。

1979 年 10 月的一天下午，北京市高教局体卫处组织一场学生男子排球比赛。对阵的是刚诞生一年的北京邮电学院分院代表队和北京大学代表队。北大队员华洋兼备，且个个人高马大，还有专职体育教授进行指导。而邮电分院队从队员到教练均不如人。邮电分院队在先输 2 局的情况下，绝地反击，接连扳回 2 局。球场休息时，北京邮电分院的丁龙潜书记也上前给队员们加油鼓劲。第 5 局双方比分咬得很紧，邮电分院队主攻手吴晓峰仅有不到 1.7 米的身高，可他起跳扣球凶狠有力；对方拦网时，他又在空中将球推向一边，造成球触手出界，场上掌声雷动。经过 3 个多小时激战，邮电分院代表队最终以 3 比 2 战胜北大代表队。赛后《北京晚报》登载了这条消息，并戏称为"土八路打败了正规军"，一时轰动了首都高校界。

分校时期的学生乐队

北大分校学生在上体育课

北二外分院学生在练剑

六、大学分校的调整

大学分校在发展过程中，虽然办学能力有所增强，但也存在布局分散，师资、校舍、设备等资源短缺的弱点。尤其是学科专业统筹规划更需要进行统一、合理的安排，以更好地适应北京现代化建设对人才的需要。为使分校得到稳定的发展和提高，北京市委、市政府对大学分校在布局、设置、规模、专业等方面进行统一规划和调整，目的是要把大学分校逐步办成适应北京现代化建设需要、专业比较齐全、布局比较合理、有各自特色的走读大学。

到 1984 年年初，大学分校的第一次调整基本完成：停办了 8 所，将其余的 28 所调整至 18 所，其中，中央单位举办的 3 所，市属的 15 所；市属的 15 所中，13 所由市政府举办，2 所由市属企业举办。保留的 18 所分校在校生人数为 11472 人；所设专业从上百个调整为 60 多个，形成了分校之间、分校与其他市属高校之间在布局、规模、学科、专业等方面的协同、配套。

撤销的 8 所分校是：北京化工学院二分院、北京经济学院分院、北京农业大学分校、北京建筑工程学院分院、中央财政金融学院分院、北京商学院分院、北京化纤学院分院、北京第二医学院二分院。

七、创办大学分校的成效

北京地区大学分校是我国实行改革开放的产物，在社会发展、人才需求迫切的特定历史时期，在北京这样的大城市，依靠大学本校的办学经验和教学力量，依靠地方的财力和物力，依靠全社会的支持和帮助，创造性地摸索出了更多更快地培养社会急需人才的走读制办学模式。

创办大学分校，"是全党的事，要全党来办"，有市委、市政府的坚强领导，各有关部门大力协作，各老大学全力扶持，分校领导及教职员工艰苦创业、奋力拼搏，发扬延安精神❶，培养了一大批德、智、体等全面发展的社会急需人才，为地方高等教育大众化作出了

---

❶ 1986 年 6 月 5 日，谭元堃校长在起草向北京市委市政府汇报工作稿《联合大学稳定发展及其所需条件》中提到，联合大学办下去，要继续发扬艰苦创业的精神。这种精神被原中共北京市委副书记汪家镠同志概括为"80 年代的延安精神"。见《谭元堃文集》，第 163 页。

有益探索。

1977 年年底—1984 年 5 月，北京市属高校每年平均约有毕业生 3000 多人。1978 年年底创办大学分校之后，仅分校的 1978 级、1979 级两个年级的毕业生就达 1.8 万人，超过市属院校 1966 年以前和 1977—1983 年培养人数的总和。❶

大学分校在 1978—1985 年，招收 7 届学生共计 2.3 万人，毕业 3 届学生近 1.9 万人，毕业生合格率达 98%，授予学士学位达 95%，优秀生占 30%，❷学生在德、智、体等方面均达到高等院校的水平。将近 1.9 万名毕业生，分配到中央部门的有 0.2 万人，市属单位的有 1.4 万人，区县单位的有 0.3 万人，成为首都改革开放和现代化建设事业的重要生力军。

大学分校的建立和发展，是我们党坚持实践是检验真理的唯一标准的结果，是北京市委、市政府坚持解放思想、实事求是的重大举措，是北京高等教育加速发展的成功标志，也是北京高等教育从"文革"后恢复发展走向创新发展的一个成功实例，为高等教育改革创新做出了有益尝试。北京地区大学分校的建立和发展，是我国高等教育史上的一次伟大创举。

大学分校的成功创办，是改革开放之后北京高等教育事业改革的重要内容，为北京联合大学的建立和发展奠定了基础。

❶ 1984 年 5 月 15 日时任中共北京市委教育工作部部长谭元堃同志在北京市大学分校工作会议上的报告《坚持"三个面向"开创大学分校工作的新局面》。转引自《谭元堃文集》，第 58 页。

❷ 《谭元堃文集》，第 58~59 页、第 176 页、第 261 页。

第二章

多学科综合性大学创兴（1985—1993 年）

1985 年，经教育部批准，在 15 所大学分校的基础上，组建北京联合大学，列入国家普通高等教育系列。这是在大学分校基础上，经统一规划、资源整合而建立的一所市属的多学科综合性大学，成为北京市培养高等教育人才的重要基地。北京联合大学的初创者们筚路蓝缕，对多学科、综合性、应用型大学的办学道路，进行了最初的探索。

一、北京联合大学的成立与建校初期的管理体制

在大学分校调整之际，面临各分校办成单一学科或"小而全"的独立学院，还是联合起来办成一所多学科综合大学的问题。中共北京市委教育工作部和各大学分校的领导们经过反复研讨确定，要把调整后的大学分校联合起来，根据地方建设需要统一规划，使之各有发展重点，互有分工，又相互配套，组成多学科综合的整体。不能再走我国 20 世纪 50 年代院系调整后学科之间互相分割、独立发展的路子，而要顺应社会发展趋势，探索多学科综合性办学道路。

为进一步加强对大学分校的协调管理，从而适应首都现代化建设对人才的需要，教育部在与国家计划经济委员会研究之后，于1985 年 1 月批准北京市政府将 12 所大学分校整合为北京联合大学

的请示；将北京联合大学列入国家普通高等教育系列。这所在大学分校基础上，经统一规划、资源整合而建立的市属的多学科综合性大学，以邓小平同志关于"教育要面向现代化、面向世界、面向未来"为指针，培养德、智、体全面发展，能够适应"三个面向"的人才为目标；成为北京市高等教育人才培养的重要基地。组建北京联合大学，有利于统一规划专业设置、有利于学科之间的交叉渗透、有利于加强学院之间的科学研究，有利于开展对外交流。

北京联合大学首任校长
谭元堃同志

1985 年 2 月 4 日，北京市委教育工作部原副部长谭元堃同志，授命担任北京联合大学首任校长。

1985 年 2 月 11—12 日，北京联合大学成立大会在华都饭店隆重召开，中共北京市委教育工作部副部长廖叔俊、北京市文化教育办公室副主任王晋、北京市高等教育局副局长许德贵、北京联大校领导及所属 12 所学院院长、书记出席了会议。廖叔俊主持会议并宣布北京市委、市政府关于北京联合大学领导干部的任职通知。许德贵宣读教育部关于建立北京联合大学的批复。

中山公园的一角，北京联合大学最初的办公地点

谭元堃校长讲话，并对《北京联合大学发展纲要》《北京联合大学组织纲要》做了说明。

1985 年 3 月 6 日，《北京市人民政府关于建立北京联合大学的通知》（京教发〔1985〕38 号）指出："北京联合大学是一所市属的多学科的综合性大学，在校学生总规模近期为 1.2 万人，由 12 所学院组成。"1985 年 5 月，又有 3 所大学分校并入北京联合大学。

1985 年 4 月 15 日，北京联大校部在北京中山公园园内正式开始办公；设有党委办公室、校长办公室、教务处、人事处、郊区分校处、总务处等。

1985 年 6 月，教育部批准北京联合大学为学士学位授予单位。

组建后的北京联合大学，实行校长负责制（1985—1993 年年底），建立校长、书记联席会制度和校长办公会制度，设立校务委员会。党委起保证监督作用。❶

建校之初，时任全国人大常委会彭真委员长为北京联合大学题写的校名

1985 年学校成立时，在《北京联合大学组织纲要》中做出了明确的规定："北京联合大学是市属大学，组成联大的十二所分校，分别成为联大的十二所学院，而联大则是建立在各学院基础上的一所多学科的综合大学。"学校"党的工作和业务行政工作分别由市委教育工作部和市高教局归口管理。联大十二所学院均

---

❶《北京联合大学志（1978—2000）》，第 9~10 页。

为相对独立的实体，仍属局一级单位，原有的待遇不变。……十二所学院党的工作和业务行政工作，由联大统一协调管理。联大的校长和党委书记由市委任免，副校长、副书记、教务长、总务长由市委教育工作部任免。联大实行校长负责制，各学院逐步实行院长负责制。"❶

1985 年 7 月，北京联合大学校务委员会成立，由校长、副校长、教务长、总务长和各学院院长组成。北京联合大学校机关是学校的办事机构。学校对所属学院进行宏观指导和组织协调，发挥多学科交叉综合培养的优势。

学校成立时，北京市委没有指示组建党委，而是由市委教育工作部任命了两位副书记主持党委工作，履行党委职责，并批准使用"中共北京联合大学委员会"及"中共北京联合大学委员会办公室"印章。

1992 年 11 月 28 日，市委教育工委召开北京联大及所属学院党委书记校长会议，宣布正式建立北京联合大学党委常委会。任命

校名的由来：1985 年年初，教育部根据各地大学分校规模较小的实际情况，要求各地办分校的城市集中组建一所符合部里要求的地方大学，名称由地方确定后上报批准。当时天津的分校组建后叫"海河大学"，上海的叫"上海大学"，而北京的不能叫"北京大学"。那叫什么好呢？谭元堃同志对"联合"二字情有独钟。

其一，他是西南联大的毕业生。抗日战争爆发后，北大、清华、南开 3 所大学联合，成立了国立西南联合大学。在战火纷飞、办学条件极为艰苦的情况下，为国家培养了大批优秀人才和许多顶尖人物。西南联大集中了 3 校的光荣传统，形成了"爱国、民主、科学"和"刚毅坚卓"的西南联大精神。谭元堃同志希望在创办目前这所大学的过程中，学习西南联大的上述精神。

其二，北京市的大学分校是全国数量最多的（初建时有 36 所），联合组建是事实。"联"就是要博采众长，吸收各高校的精华，"合"就是要团结协作，合而为一，形成自己的风格。联合，就是团结各学院，集中他们的优势和特色，博采众长；并将西南联大艰苦创业、奋斗不息的精神永远地传给北京联合大学。

027

第二章　多学科综合性大学创兴（1985—1993 年）

---

❶《北京联合大学志（1978—2000）》，第 8~9 页。

张玉如为党委书记，胡静萍为副书记，李煌果、姜成坛、袁林、李月光、熊家华为常委委员，常委会履行党委职责。文理学院、文法学院、职业技术学院、外国语师范学院、自动化工程学院、电子工程学院、建材轻工学院、纺织工程学院8所学院的党组织关系由市委教育工委转到北京联大党委。化学工程学院行政工作由北京市化工局领导，党的关系在化工局。机械工程学院、旅游学院、中医药学院相继改为由机械工程局、旅游局、卫生局与高教局双重领导，以各口各局为主，党的关系也在市委相关部委。

为提高整体办学效益和办学质量，进一步加强北京联大的整体建设，1993年2月15日，市委教育工委和市高教局联合下发了《关于加强和完善北京联合大学管理职能的通知》（京高教办〔1993〕004号），通知决定："加强对联大所属各学院的统一规划和管理，逐步将联大建成一个能行使统一管理职能的独立的办学实体。自1993年3月1日起，高教局只对联大部署和接洽工作，并将学校应拥有的管理职能和权限于1993年2月底前下放给联大。联大所属各学院需要报请上级解决的事项和问题，报联大负责处理。联大在办学方向、专业设置、招生、收费、机构设置、用人制度、职称评定、经费使用、对外交流等方面，具有自主权。"❶"挂靠在联大的化学工程学院和旅游学院与联大的关系基本维持目前局面，但自1993年3月1日起高教局将原来对这两所学院的行政管理工作下放给联大。"

通知下发后，北京联合大学加强了对全校工作的统一规划和管理。校部增加了机构和人员配置，对校部中层领导干部进行了充实和调整，对招收新生、毕业分配、专业改造、学科建设等进行了统一规划管理，研究制定了一些统一的规章制度，注重发挥了联大多学科的综合优势和整体作用，北京联合大学在成为独立办学实体方面有了明显进展❷。

---

❶《北京联合大学志（1978—2000）》，第5页。

❷ 北京联合大学编、古红梅主编：《李煌果文选》，北京出版社2015年版，第98~99页。

1986年2月，北京联大校部办公地点由中山公园迁至海淀区花园北路新址，各办公室相继建立。

1990年12月，北京联大校部从海淀区花园北路迁至西城区丰盛胡同十三号（文法学院所在地）办公。

二、办学思路的两个重要转变

为顺应时代发展的步伐，适应北京经济建设和社会、文化发展的需要，北京联大在组建之初，在办学思路上进行了两个重大调整。一是在专业建设上，从分校时期老大学能办什么就办什么，向北京需要什么就办什么的转变；二是在师资上，由从老大学聘请兼课教师向引进师资和自己培养师资相结合的转变。

（一）实行专业化大协作

学校深化教育教学改革，对各学院的专业进行统一规划和调整，着重发展应用学科，尽量拓宽专业口径，各学院互有分工，各有重点，实行"专业化大协作"。经过调整，北京联大13所学院（除电气化铁道学院和航天工程学院这两所由中央在京单位主办）所设专业从原来的90多个调整为60多个，培养方案由移植老大学、偏重基础研究，转为适应北京经济社会发展需要、偏重实际应用。同时，进一步发挥多学科的综合优势，积极发展自然科学和社会科学各相关学科之间的交叉渗透。宏观上，注重填补缺门，加强短线，同其他市属院校在整体上形成配套。

在专业设置调整的基础上，北京联大各学院按新定专业，对教学计划做了全面修订。从地方院校的特点考虑，在注意到必要基础理论的同时强调加强实践环节，注重较强的实践能力，旨在培养具有开创精神的应用人才。科研工作也以应用研究和开发研究为重点。

1990年，学校按照北京市高等教育事业发展规划总要求，再一次进行专业结构调整，全校共设本科专业54个，布点65个。本科专业培养方案，从总体上实现了由基础研究型向应用型的转变。

（二）扩充自己的师资队伍

北京联大组建之后，以往分校时期的主要依靠老大学派兼课教师的做法已不可能再维持。而学校自有师资力量严重不足，数量少且青年教师所占比重很大。1985 年 6 月，北京联大专职教师合计有 1600 人，但 1/2 是青年教师，有的学院甚至达到 70%。

北京联大校领导和各学院领导把教师队伍建设作为根本性建设来抓：一方面继续从老大学引进一部分中年业务骨干，如果不能正式调入，则采取聘任方式；同时选留分校优秀毕业生充实教师队伍；还向市委、市高教局申请了每年 200 个进京指标，从外地引进一定数量的师资；从各高校应届毕业生中吸纳少量师资。

为加快师资队伍建设步伐，尽快提升青年教师的业务素质和学术水平，从 1985 年开始，学校先后共举办 9 个专业的校内研究生班，共有 117 名青年教师通过考试入学。1988 年 4 月 18 日，北京联大在机械工程学院举行校内青年教师研究生班毕业典礼，102 名青年教师获得毕业证书。

此外，继续采取聘请必要数量的高水平兼职教师和学术带头人；委托有基础的大学代培和选送出国进修等多种形式来加强师资队伍建设。

（三）成立教学研究协作组

北京联大组建初期的一个基本校情是学院地址分散，学校的规模既大又小，教师力量薄弱。全校 15 所学院，90 多个专业（后来调整为 60 多个），一万多名在校生，规模很大。同时，各学院分散在北京市的各个区域，是十几个相对独立的办学点；每个学院的规模都比较小，最小的学院在校生只有 400 人。以政治理论课❶为例，全校教师近百人，队伍比较庞大，可是分散到各学院，有的学院只有两三个人，教师的授课任务很重，一个教师要教两门马列课。这

---

❶ 政治理论课亦称"马克思主义理论课"，又常被简称为"马列课"。

样，教师的业务水平和教学质量的提高都受到一定程度的限制。

此外，多数学院缺少学科和学术带头人。全校青年教师占教师总数的 50% 以上，不少教师大学刚毕业就上讲台，教学经验不足。因此培养青年教师的任务十分紧迫，而大多数学院自己又缺少这方面的条件。

针对校区分散、师资力量不足的状况，学校为提高教学质量和办学效益，着力引进学历层次高、年富力强、教学经验丰富的各学科急需人才；同时注重发挥老教师的作用，对青年教师进行"传、帮、带"，进而开展跨学院的教学协作。

1986 年 1 月，学校针对部分重要的基础理论和技术课程，正式建立起基础课及技术基础课教学（研究）协作组。从 20 世纪 80 年代中后期至 20 世纪末，学校先后组织了政治理论课协作组、数学（普通）学科协作组、数学（高职）学科协作组、物理（普通）学科协作组、物理（高职）学科协作组、外语学科协作组、中文协作组、计算机学科协作组、体育协作组、图书馆协作组、德育协作组共 11 个教学研究协作组。

全校按学科把教师组织起来，开展针对教学内容及教学方法的研究，交流教学经验，推动教学改革，提高教学质量；协助审议教学大纲，推动教材建设；开展学术活动，逐步提高青年教师的学术素养和科研水平。通过进行教学基本建设和深化研究，把分散在各学院的力量有领导地组织起来，充分利用现有资源，实现优势互补，提高了办学效益。同时，在较大范围内，促进了全校青年教师业务素质的普遍提升；在一定程度上，较广泛地提升了北京联大全校相关课程的教学研究水平。

政治理论课教学研究协作组，采取全校相关教师集体备课的方式，组织教师按照章节准备重点发言，在充分讨论的基础上，经过反复修改，最后形成讲稿，打印发给各学院教师，供备课时参考。在此基础上集体编写了适合北京联大实际的教材；通过编写教材，使教师的业务水平得到进一步提高。通过这种方式，张佐友教授主

持编写的教材《中国社会主义建设教程》，在 1989 年获得北京高校
政治经济学、中国社会主义建设教学研究会优秀教学科研成果二等
奖，和北京市高等教育研究会优秀成果奖；该教材后来流传到校外，
数次再版；并在 1998 年被指定为全国自考教材。政治理论课教学
研究协作组，还以同样的方式，集体编写出版了《马克思主义原理
教程》《中国革命史教程》，分别再版 3 次。❶

早年北京联大的老师们
在进行集体教学研究

张佐友（1927—），河
北滦县人，北京联大师范
学院离休教授。曾长期担
任学校政治理论课教学协
作组组长。1995 年，他
被评为北京市劳动模范。
2014 年冬，已是耄耋老人
的他，向北京联大教育基
金会捐款 10 万元。

　　多年教学（研究）活动的事实证明，教学（研究）协作组对于
发挥多学院联合和多学科综合的优势，提高教学质量和办学效益，
促进教学研究和青年教师业务水平的提高，统筹教学运行管理，推
动学校多学院联合向教学领域深入发展起到了十分重要的作用，也

---

❶　张佐友回忆文章《教学研究协作组是联大建校初期的壮举》。

为推动学校向实体联合转变奠定了基础。

（四）开设跨学院选修课 ❶

为发挥多学科交叉综合培养的优势，全面提高学生培养素质，学校注重为学生提供跨学院、跨学科、跨专业的主辅修和选修课程。从1986年9月到1992年年底，学校为各学院优秀学生开设了跨学院选修课100多门，选修课的类型分为提高、扩大知识面、小语种、第二外语等类。

> ☆教育要主动适应社会主义现代化建设的需要。
> ☆学校的一切工作都要围绕培养人才这个中心。
> ☆联合大学要走多学科综合性大学的路子。
> ☆联合大学要培养有比较扎实的理论基础、有创新能力、有实践能力的应用型人才。
> ——谭元堃

参加听课的学生达8600多人次。跨学院选修课曾因学院调整一度中断。后在1999年9月重新开始。在此次选修课中开出现代英语视听说、英语口语（外教教授）、日语口语、计算机网络等选修课，受到学生欢迎。这次开设跨学院选修课改革的最大特点是用市场方式运作，学校不再补贴投入，采取学生自愿报名、缴费选修的方式。开设跨学科选修课是北京联大建校后，利用现有资源，拓展专业面，开展学科交叉，培养应用型、复合型人才而开辟的新途径。

（五）采取教学管理四项措施

北京联大成立后，针对大学分校的原有办学模式，在教学管理上采取了四项改革措施。第一，试行有指导的学分制，改变同一模式、同一规格、同一方法、同一教学计划培养人才的做法，各学院可依据条件，实行弹性学制。第二，试行三学期制，缩短每学年的第一、二学期，开设第三学期作为实践活动学期，加强学生实践能力的培养。第三，试行本专科互转的中期选拔，分层次因材施教。

---

❶《北京联合大学志（1978—2000）》，第37页。

1987 年 5 月，北京联合大学创先实行优秀专科转本科（含本科转专科）的中期选拔制度。在两年多的时间里，有 6 所学院的 61 名优秀专科生转入本科班学习，极大地调动了学生的学习积极性。第四，试行选拔优异生制度，因材施教，鼓励拔尖人才成长。

从大学分校发展到北京联大，是一个改革和前进的过程，北京联大在不断改革和探索中前进。艰苦奋斗和辛勤的汗水，已经浇灌出令人鼓舞的果实。在北京市高教局 1987 年首次举办的高校优秀教学成果奖励活动中，全市 27 个奖项，北京联大就获得了 10 项，其中一等奖共 6 项，北京联大荣获 2 项；二等奖共 18 项，北京联大荣获 7 项。

三、多学科、应用型办学道路初探

（一）对办学定位的思考

早在大学分校时期，时任北京市委教育工作部副部长（1985年任北京联合大学首任校长）谭元堃同志，一方面亲手规划、操持了各大学分校创办的具体过程，另一方面也进行着针对北京联大这种新型大学办学的若干思考。

1985 年 7 月 23 日，谭元堃校长在题为《在改革中前进 在前进中打好基础——北京联合大学 1985—1986 学年工作的基础设想》的讲话❶中指出：北京联大是改革的产物，要在改革中前进。要加强活力，主动适应北京现代化建设的需要。要走新路子，努力办出自己的特色。北京联大要加强各学院之间的分工和协作，发展学科之间的交叉和渗透，发挥多学科综合的优势。各学院要大力加强同对口业务部门的联系，使人才培养同使用相适应，并争取对口业务部门给予最大可能的支持。……在专业设置上，要着重发展应用学科并逐步创造条件，建设某些新技术学科和边缘、前沿学科。各学院在专业设置上要各有重点、各具特色，而又互有分工，互相配套，交叉渗透。在

---

❶《谭元堃文集》，第 126~127 页。

人才的具体培养目标上，谭校长继续指出，要体现20世纪90年代和21世纪初叶专门人才的规格和素质，要培养能够坚持社会主义方向，具有比较扎实的理论基础，又有较强的实践能力，并具有开创精神的应用人才。要在学好基本理论的基础上，加强实践环节。要在学好本专业课程的基础上扩大知识面，要注意社会科学和自然科学之间、工程技术和经济管理之间以及其他相关学科之间的交叉渗透。无论学什么专业的，都要加强中文、外文、计算机应用等知识和能力的培养。

1990年10月，北京联合大学第二任校长李恩元同志在全校教学工作会上讲话，提出："在坚持社会主义办学方向的前提下，怎样办出自己的特色来，这就要严格从自己的实际情况出发，走与老大学不同的路子。"在学校"成立时，我们提出的指导思想是：'跟老大学不一样'。加上一个'不'字，问题就解决了。教育改革的路子就理顺了，特色就出来了。因为我们和老大学任务不一样，面向不一样，条件不一样，都不一样。必须严格从实际出发，既要向老大学学习，又不能照搬，要学习与独创结合。有了特色，才有水平，没有特色，就没有水平"。

（二）应用型高等教育的早期探索

20世纪80年代中后期，北京联大在其前身大学分校改革发展的基础上，组织广大干部、教师进一步调查论证，确定了"面向北京，培养应用型人才"的办学方向，从北京建设的需要出发培养适用的人才，并据此开展了应用型高等教育的早期探索。

早在1983年，北京大学分校生物系开始试办当时国内尚属空白的"食品科学和营养学"专业，将功能（保健）食品理论及产品开发作为学科发展的主要方向。1985年北京联合大学文理学院❶成立后，文理学院生物系继续进行一系列应用性改革。1989年，该学科的设置与建设获得北京市高教局优秀教育成果奖。金宗濂、文

---

❶　1978年年底北京大学分校成立。1985年2月北京联合大学成立后，北大分校成为联大文理学院。起初北大分校和联大文理学院两个名字并用。后根据1998年11月北京市教委（京教计〔1998〕034号）文件通知，北大分校的名字停用。

镜、唐粉芳等老师与解放军总后勤部军需装备研究所合作完成了总后"八五"攻关课题——高能野战口粮研究。1990年，当时的文理学院生物系建立了有关保健食品的8个功能40余项评价指标体系，使该系在保健功能评价方面在全国占据领先地位。

1992年，"食品科学与营养学专业"被评为北京市重点建设学科。[1]1995年，金宗濂等出版了我国第一部保健食品功能评价专著《功能食品评价原理和方法》。当时正值国家"保健食品管理办法"即将出台，有关部门正在制订"保健食品功能评价程序与方法"等法规性文件。这本专著成为官方编制相关技术标准、政策文件的参考资料。[2]

1992年以后，文理学院生物系建设了"功能食品实验室"。2001年，应用文理学院[3]成立了"生物活性物质与功能食品实验室"；当年就被北京市教委和市科委共同认定为北京市重点实验室。2010年5月7日，以该"生物活性物质与功能食品实验室"为主体建立的"北京联合大学功能食品科学技术研究院"成立。

1994年6月，北京联大应用文理学院举办"当代食品工业发展趋势"国际研讨会，全国人大常委会副委员长吴阶平（前排左三）出席

---

[1] 《北京联合大学志（1978—2000）》，第1317页。

[2] 葛明德：《一次探索应用理科专业方向的实践》，见《北京联合大学应用文理学院"食品科学1998年论文集"》，第26页。

[3] 1994年3月，北京联大文理学院与北京联大文法学院（前身为中国人民大学第二分校）合并，改名为北京联合大学应用文理学院。

1994 年 6 月，金宗濂教授（右三）等接待外宾参观实验室

1978 年至 20 世纪 80 年代前期，北京大学分校地理系卢培元教授等在反复调研之后，根据北京市当时和长远发展的需要，确定了培养以偏重经济地理（专业）为基础的城镇区域规划与管理人才的办学方向，并深入进行专业改革和教学改革，注重开展科研工作：1983 年将"地理学"专业名称改为"城镇规划与管理专业"，并以该专业名称招生（此后该专业名称有几次微调）。这是一个文理渗透的应用专业，它将地理科学、生态科学同经济学结合起来，着重发展新型的城市科学，培养经济地理为主的规划与管理人才。❶

1986 年，地理系也相应改成应用地理系——城市与区域科学系，成为我国第一个应用地理系。1988 年，按照教育部的本科专业目录，将专业名称调整为"经济地理学与城乡区域规划专业"。 1986 年，文理学院地理系首任系主任卢培元教授主持承担了北京市哲学社会科学规划项目"北京市昌平县城镇体系调查研究"，提高了教师和学生的实践能力和科研能力。该项目研究成果 1992 年获得北京市第二届哲学社会科学优秀成果一等奖。❷ 现今，北京联大 5 个国家

❶ 《北京联合大学志（1978—2000）》，第 1317 页。

❷ 张宝秀、张景秋：《北京联合大学应用文理学院城市科学系（原北大分校地理系简介）》，见《岁月流金 携手前行 1952—2012 北京大学地理学科建立 60 周年纪念册》，北京大学城市与环境学院 2013 年印制。

级特色专业建设点之一的"资源环境与城乡规划管理"专业，和6个北京市重点建设学科之一的"人文地理学"学科，都是源自当年进行应用性改革的北大分校地理系。多年来，前述专业和学科承担了北京市和全国各地许多地区的城镇规划设计等社会服务或科研课题（见表2-1）。

表2-1 北京联大文理学院—北京联大应用文理学院城市与区域科学系/资源环境与城乡规划管理专业/人文地理学学科承担的重要科研课题项目一览表❶（2000年以前）

课题名称	课题负责人	起止时间	课题来源
昌平县城镇体系规划与发展战略	王恩涌　卢培元	1985—1987	北京市哲学社会科学项目
廊坊地区城镇体系规划与发展战略研究	王恩涌　卢培元	1986—1988	国家建设部项目
北京市山区综合开发研究——以门头沟为例	卢培元	1983.1—1983.10	门头沟区区委委托项目
三北防护林遥感综合调查华北片区土地资源评价	张妙弟	1987—1990	国家七五攻关项目子课题
广东省惠州市川龙岛旅游区总体规划研究	张妙弟	—1993	国务院发展研究中心委托项目
燕山地区经济开发进程及民族关系演变研究	张宝秀	1995—1997	国家哲学社会科学青年项目
北京山区城镇化与城镇建设研究	张妙弟　李雪妍	1996—1999	北京市哲学社会科学"九五"规划项目
京郊发达地区村镇建设与生态模式探讨	张景秋	1996—2000	北京市教委人文社科项目

20世纪70年代末，人大二分校开办了全国第二个档案本科专业；1981年，又在国内首先创办科技档案专业。人大二分校→北京联大文法学院→北京联大应用文理学院，逐渐办出档案、法律、新闻等一批有特色的应用文科专业。北京市检察院副检察长甄珍、前中国新闻社社长刘北宪、前北京人民广播电台副台长兼总编辑陆莹、

❶《北京联合大学志（1978—2000）》，第318、1343页。

著名律师巩沙等，都毕业于北京联大文理学院（北大分校）、北京联大文法学院（人大二分校）。1982年，我国第一代旅游专业本科毕业生，从北京第二外国语学院分院（今北京联合大学旅游学院前身）毕业。从那时起至今，北京旅游界、饭店业的许多高级管理人才，都是出自北二外分院→联大旅游学院。

（三）明确办学方向

1992年5月，为深入贯彻邓小平同志南行讲话精神和中央政治局全体会议精神，进一步明确学校发展方向，办出学校特色，更好地为首都经济建设和社会发展服务，学校组织各学院主管教学工作的院长和教务处长分5路，分别考察调研了国内几十所地方院校。

1992年春夏之际，北京联大赴陕西、四川、珠江三角洲地区高校考察报告，以及李煌果校长赴香港和美国高校考察报告

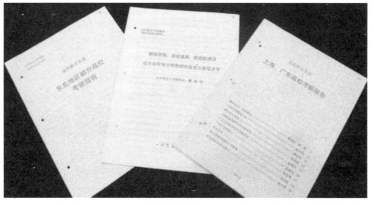

1992年春夏之际，北京联大赴东北、上海、广东高校考察报告，以及姜成坛副校长于1992年7月在我校"香山会议"上的专题报告

在此基础上，学校于 1992 年 7 月 23—25 日在北京香山召开暑期研讨会。会议就办学方向、办学特色和如何适应社会主义市场经济体制及首都建设与发展需要，为经济建设服务等重大问题进行了研讨；确定了多渠道、多层次、多形式办学和产、学、研相结合的办学模式。提出面向中小企业、乡镇企业，面向基层和生产第一线，为首都经济建设，培养德、智、体全面发展的，既有必要的理论基础又有较强实践动手能力的应用型人才；要根据北京联合大学的特点和社会需求设置专业；还提出在加强学校整体建设、发挥整体优势的基础上做好调整工作，以克服学院布点过多、专业重复、财力分散、办学效益低的弊端。

1992 年 7 月，北京联合大学在香山召开暑期研讨会，后称"香山会议"

四、思想政治教育工作水平提升

（一）加强"两课"主阵地建设

北京联合大学自建校以来，始终非常重视学生的思想政治工作。校党委将加强"两课"❶建设作为学生思想政治工作的重点，通过深

---

❶ "两课"，是马克思主义理论课和大学生思想品德课这两门课程的简称。

入研究北京联大学生的特点，积极探索符合走读制大学的思想政治教育工作规律，有针对性地开展工作。

学校分别于1985年和1989年成立了马克思主义理论课协作组和思想品德课协作组。"两课"协作组认真贯彻学校党委加强"两课"建设的精神，组织专题研讨、集体备课、开展教学研究和课程改革等活动；还在此基础上，编写适合北京联大学生使用的新教材。

通过采取上述措施，产生了两个良好效果，一是学校的"两课"内容比较符合时代的要求、贴近社会实际，较受学生欢迎。1990年11月25日《北京日报》第一版曾以《学生感兴趣，觉得需要学，联大中国社会主义建设课受欢迎》为标题、1990年12月3日《光明日报》第二版曾以《理论联系实际，课内课外结合，北京联大重视中国社会主义建设课教学》为标题、《北京高教研究》1994年第4期曾以《受学生欢迎的中国社会主义建设课》为标题，宣传介绍过北京联大政治理论课的情况。❶二是带出了一支学术功底扎实、贴近学生实际、训练有素的"两课"教师队伍。

（二）成立"学生思想政治工作研究会"

学校党委深入研究我校学生的特点，积极探索思想教育规律，有针对性地开展工作。1986年6月，北京联合大学在北京高校中率先成立了"学生思想政治教育工作研究会"，由时任校党委副书记张玉如任会长。1987年4月，学校在西山大觉寺召开思想政治工作研究会第一次年会。❷之后每年都定期召开年会，根据学生不同的思想状况，确定不同的主题。通过年会进行工作研讨，总结、交流经验，撰写论文，提高学生工作干部的理论素养；向全国和北京市高校思想教育研究会年会推荐优秀论文，扩大研究成果的影响。

一些长期从事学生思想政治工作的同志，对改革开放过程中大

---

❶　张佐友回忆文章《教学研究协作组是联大建校初期的壮举》。

❷　《北京联合大学志（1978—2000）》，第85~86页。

学生思想政治理论教育教学出现的热点和难点问题进行了追踪式研究，逐渐写出了一批高质量的论文，在国内核心期刊或重要刊物上发表并获奖。例如，时任建材轻工学院副书记张秀国同志的论文《市场经济与为人民服务内涵的扩展》，1995 年 7 月发表在《中国社会发展战略》杂志；该文荣获 1995 年北京教育系统局级领导干部学习体会文章评比二等奖，还荣获北京市高教学会第四届优秀教育科研论文二等奖。

1994 年，北京联大制订了《贯彻〈中共中央关于进一步加强和改进学校德育工作的意见〉》，于 1995 年制订了《〈爱国主义教育实施纲要〉的实施意见》，同年还对 1987 年制订的《北京联合大学学生思想政治教育大纲》进行修改，形成了《北京联合大学德育大纲》。1997 年制订了《北京联合大学学生共产党员行为规范》，2000 年制订了《关于加强和改进思想政治工作的若干意见》《关于进一步加强学生思想政治工作队伍建设的意见》等规章制度，使我校德育工作进一步规范化、科学化。

1997 年，北京联大在北京高校中率先开展了德育评估，推动了学校的德育建设。2000 年，❶我校德育工作者创办了内部刊物《北京联合大学党建和思想政治工作研究》。

（三）制订《北京联合大学学生思想政治教育大纲》

学生思想政治教育是高等教育的一个重要组成部分，是培养我国社会主义现代化建设人才不可或缺的重要内容。在思想政治教育的地位和作用得以确定的前提下，如何把对大学生的思想政治教育进一步科学化，使之更加符合教育规律，是一个值得研究的课题。北京联大在其中做了有益的探索。

1987 年 8—10 月，北京联大在全国高校中率先制订了《北京联合大学学生思想政治教育大纲》（以下简称《大纲》），后发表在全国性刊物《思想教育研究》1987 年第 4 期。《大纲》提出，学校

---

❶ 周志成主编：《联大德育 30 年》，北京出版社 2011 年版，第 9 页。

各部门要共同协作、齐抓共管，有目的、有计划、分层次地对学生进行教育，逐步实现思想教育工作的科学化、规范化和制度化，受到国家教委和北京市委教育工委的重视，并在全国高校中产生了一定的影响，曾获 1987 年北京市高等学校思想教育课程研究会优秀成果三等奖，还在全国高校思想教育工作研究会上交流。❶

刊登在《思想教育研究》1987 年第 4 期的
《北京联合大学学生思想政治教育大纲》

（四）大规模组织学生参加社会实践活动

北京联大自建立以来，为贯彻落实党的关于教育为社会主义现代化建设服务、教育与生产劳动结合、培养德智体全面发展的社会主义建设者和接班人的教育方针，通过社会实践，密切学校与社会的联系，把学校教育与社会教育有机地结合起来，让学生走向社会主义建设的第一线，将社会实践列入教学计划，开展了一系列的活动，发挥了很好的作用。

1991 年，学校在历年社会实践活动经验的基础上，制订了《北

---

❶《北京联合大学志（1978—2000）》，第 203 页。

京联合大学农村社会实践教育大纲》和《关于组织学生参加农村社会实践的试行条例》，使学生社会实践活动在制度化、规范化、基础化建设方面迈上了一个新台阶。该项工作还在 1992 年获得了全国普通高等学校优秀教学成果市级二等奖。

1991 年 12 月，学校被中共中央宣传部、国家教育委员会、共青团中央授予"社会实践活动先进单位"荣誉称号

经过多年探索，北京联大的社会实践形成了"四步走"❶的特色，即一年级新生参加军训；二年级学生下工厂、农村、部队等参加社会调查、咨询服务和科技扶贫等；三年级学生结合专业参加生产实习；四年级学生结合毕业论文（毕业设计）参加毕业实习。规模化的社会实践使更多的学生接触社会、服务基层，锻炼了才干，对学生的全面成长起到了积极作用。1991 年 12 月，北京联大被中宣部、国家教委、团中央评为"全国社会实践活动先进单位"。1992 年 10 月，被中共北京市委教育工委、共青团北京市委和北京市高教局评为"生产实习、社会实践工作先进集体"。

在校党委的高度重视，全校各学院学生工作相关部门的协力推动和各院系班主任（辅导员）、专业教师、两课教师的熏陶与指导下，一些学生逐渐形成了学以致用、好男儿志在四方的就业取向，自愿到远郊区县就业。例如 1989 年 7 月，北京联大机械工程学院的十

---

❶ 《联大德育 30 年》，第 10 页。

044

几名应届毕业生自愿到昌平、密云、通县、大兴等远郊区县的乡镇企业和基层单位工作。家住城区的铸造专业的毕业生朱少文、陈尚杰，本着"有利于干一番事业，只要能发挥专长，在哪儿干都可以"的选择职业标准，到"昌平马池口乡暖气片厂"工作。应用电子技术专业的学生孙宝鸣被昌平县北方企业总公司所属的乡镇企业自动化仪器厂的热情所感动，和同系的毕业生冯勇一起与这家企业签订了合同。热加工专业的毕业生张科泉，毅然放弃留城工作的机会，志愿到密云县工作❶。

五、大学学术平台初创

伴随着大学分校——北京联大办学实践的最初的艰辛探索和科学研究的逐渐起步，其学术平台、学术机构的建设也初露端倪。

（一）《北京联合大学学报》

《北京联合大学学报》（以下简称《学报》）创刊于1987年，是由北京市教委主管、北京联大主办的综合性学术理论刊物。1992年以前为内部交流刊物，半年刊。1993年公开发行，改为季刊。《学报》以综合性、应用型、地方性为办刊特色，设有"北京学研究""老舍研究"等特色栏目。2003年5月，《学报》分刊为人文社会科学版和自然科学版。从1987年创刊至2016年的今天，经历了近30年两代人的薪火相传、不懈奋斗。《学报》的学术含量和在国内外学术界、期刊界的影响持续稳步提升，特别是《学报》人文社科版，被人大《复印报刊资料》全文或"摘要"转载的数量，在"高等院校主办人文社科学报"全文转载的排名和转载量、转载率的排名，综合指数的排名，都逐年上升。从2015年起，《北京联合大学学报（人文社科版）》入选《中文社会科学引文索引》（CSSCI）的来源期刊。

❶ 《北京日报》1989年7月20日，转引自北京联合大学党委宣传部编，高东主编《媒体档案 北京联合大学 1978—2004》（成书时间未标注）第38页。

（二）《旅游学刊》

《旅游学刊》的前身是北京联大旅游学院在 1986 年创办的内部刊物《旅游论坛》，1987 年正式出版并在国内外发行时采用了《旅游学刊》（*Tourism Tribune*）的刊名。在 20 世纪 80 年代末至 90 年代初，《旅游学刊》已成长为全国高校和学术机构中最为著名的旅游学术期刊。它先后经历了每期增加页码，从季刊改为双月刊，再发展为月刊的过程。自 2004 年改为月刊，还编辑出版有其英文版年刊 *Chinese Tourism Research*

《旅游学刊》的创刊号，
最初刊名为《旅游论坛》

Annual，及"旅游人才与教育教学"年度专刊。经过近 30 年的苦心经营，现在《旅游学刊》已经成为中国在国外最有影响的旅游专业性学术刊物，一直位居全国"中文核心期刊"旅游类期刊榜首，并多次获得中国优秀旅游期刊和北京市优秀社科期刊的荣誉；《旅游学刊》也是《中国人文社会科学引文数据库》（CHSSCD）的核心期刊、《中文社会科学引文索引》（CSSCI）的来源期刊。

近期的《旅游学刊》和该刊早年的合订本

（三）《北京联合大学高教研究》

《北京联合大学高教研究》创刊于 1987 年 3 月，主编是贡文清。该刊物主要是发表有关高等教育理论、办学方向、教学内容和方法的改革、教材建设、师资队伍建设、教学管理、学风建设等方面的研究论文，以及介绍国外教育状况、教育改革动向的文章。1993 年以后，刊载了大量有关探索发展高等职业教育的文章。在该刊存续期间在国内有一定知名度。后停刊。

（四）功能食品研究室

早在 1983 年，北京大学分校生物系就设置了食品科学专业，将功能食品理论及产品开发作为学科发展主要方向，进行了一系列应用性改革。1987 年 7 月，金宗濂教授等在北京联大文理学院创立功能食品研究室，即现今的生物活性物质与功能食品实验室的前身。1996 年 9 月，北京联大应用文理学院在功能食品实验室的基础上，成立了保健食品功能检测中心。2001 年 2 月升格为市级实验室。该实验室具有研究生物活性物质及开发第三代功能食品必备的先进仪器设备，具有国家科技部认定的 SPF 级动物房。金宗濂教授是该实验室的创始人，并在相当一段时间里是该实验室的"首席专家"。

（五）经济法研究所

北京联合大学经济法研究所原是北京大学分校经济法研究所，成立于 1988 年 10 月。该所以经济法、财税法、金融法为主攻方向，科研与教学结合，理论与实践结合，为全国和北京市的经济建设、财税、金融体制改革和法制建设服务。20 世纪 90 年代，北京联大在经济法、财税法、金融法 3 个学科方面，曾长期保持国内领先水平；时任所长是著名的经济法、财税法专家刘隆亨教授。

刘隆亨教授（1936—），湖南祁阳人。长期从事经济法、财税法、金融法的教学与研究，在全国最早完成出版经济法学、财税法学、银行法学三个学科的系列论著。参加北京市高新技术产业开发试验区、海南经济特区、西部开发区的立法规则和立法起草工作。主持完成9项国家级和省部级课题研究，获得省部级以上奖励30余种。编著出版教科书、工具书等著作30余种，发表学术论文和研究报告90余篇。2004年被评为当代中国法学名师。

（六）台湾研究室

1989年5月，徐博东教授在当时的文法学院成立了台湾研究室，是大陆高等院校中最早成立的台湾研究学术机构之一。2000年12月，在此基础上（当时的应用文理学院）成立了台湾研究所，以研究当代台湾政治和两岸关系为重点，兼顾研究台湾经济、军事、社会和历史文化等重大问题，以及大陆涉台事物工作问题。研究所下设政治与军事、经济与法律、历史与文化、涉台事物4个研究室。徐博东任所长。2005年4月，台湾研究所升格为台湾研

徐博东教授（1944—），广东蕉岭人。台湾问题研究专家。曾任国务院台办涉台宣传专家组成员，海峡两岸关系研究中心特邀研究员，全国台湾研究会理事，中国社会科学院台湾史研究中心常务理事。其成名作《丘逢甲传》（合著）填补了大陆台湾史研究的一项空白；另一本专著《台湾传统文化探源》也是大陆最早出版的研究台湾文化的专著之一。

究院，为学校直属的科研机构，下设台湾政治与两岸关系、京台经济技术交流与合作、京台历史文化交流与合作、涉台事务 4 个研究所和综合办公室。2005 年 4 月 23 日，北京联合大学台湾研究院在校本部举行揭牌仪式。目前为北京市级哲学社会科学研究基地。

六、科研工作起步

据不完全统计，1986—1992 年年底，北京联大共承担自然科学课题 414 项，社会科学课题 143 项。其中，1986 年全校承担科研课题 43 项，经费总额为 35 万元。1991 年，科研课题达到 142 项，经费总额上升到 203 万元。1986—1992 年共完成各项课题 510 项，获国家级奖 4 项，市级奖 32 项，申请专利 11 项，有 67 项科研成果被推广，初步获经济效益 316 万元。

在 1985 年北京联大组建之前，各学院的科研工作已相继展开。1986 年 5 月 10 日，学校在中山公园中山堂召开了有各学院领导和系部负责人、部分教研室参加的"科研工作研讨会"。

1992 年 10 月 27 日，学校在机械工程学院召开科研工作会议。时任李煌果校长❶在会议总结发言中指出：不开展科研工作的学校，严格说不是真正的大学；联合大学虽然是一所新校，条件差一点，但艰苦奋斗，完全有可能把科研搞上去；要有一种精神，要有信心、有志气把学校办出特色，教学、科研上都要有自己的特色。

1992 年 12 月 21 日，学校成立了科技开发处（简称科研处），主管全联大的科研工作。1993 年以后，各学院也相继成立了科研处或科研管理部门。全校科研工作实行校院两级管理。

---

❶《北京联合大学志（1978—2000）》，第 102 页。

表2-2　1983—1993年获省部级（含）以上科研成果奖一览表❶

序号	成果名称	获奖级别	主要完成人	获奖单位
1	聚四氟乙烯基滑动导轨软带	1983年获陕西省科技研究成果二等奖	王承鹤	机械工程学院
2	聚四氟乙烯基滑动导轨软带（F4j）研究及应用	1984年获机械部科技成果二等奖	王承鹤	机械工程学院
3	无功补偿的研究	1987年获北京市科技进步三等奖	翟玉庆	机械工程学院
4	KYD—450型刀具镀膜设备的研制和刀具镀膜超硬镀层—氧化钛膜工艺研究	1987年获航天部科技进步二等奖	王福贞	机械工程学院
5	微机化铸铁机械性能快速测试系统	1988年获北京市科技进步二等奖	郭维钧	机械工程学院
6	地对空雷达干扰指挥训练综合模拟系统	1989年获全军科技进步二等奖	王如皋	机械工程学院
7	阴极电弧源离子渗金属技术	1989年获北京市科技进步三等奖	王福贞	机械工程学院
8	对称三值数字逻辑系统的研究	1989年获北京市科技进步三等奖	陈其翔	机械工程学院
9	光学仪器计算机辅助工艺设计	1989年获北京市科技进步三等奖	赵汝樵	机械工程学院
10	改良清胆退黄汤药效学及其作用机理的研究	1991年获北京市科技进步三等奖	许环淑、陈素兰、周跃庭、王学江	中医药学院
11	铬系合金复合结构耐磨构件的应用研究	1992年获北京市科技进步二等奖	孙培惠	中医药学院
12	厚朴酚药效学及其作用机理的研究	1992年获北京市科技进步二等奖	许环淑、邓淑玲、刘洪艳、汪祥康	中医药学院
13	中医古籍脾胃知识库	1992年获北京市科技进步三等奖	符友丰、杨天荣、秦笃烈、车念聪	中医药学院
14	中医教学题库、软件系统研究（方剂学考试练习题库系统、温病学题库计算机软件系统）	1993年获北京市科技进步三等奖	朱桂茹、周跃庭、徐大鹏、李世增	中医药学院

❶ 《北京联合大学志（1978—2000）》，第99页。

北京联大（含大学分校）的科研工作，往往都已具有应用性特点，经世致用，直接助益于社会。例如：1987—1988 年北京联大文法学院教师庄志荣,研制出 ZH/PC-15XT 通用汉字处理模块❶；只有肥皂大小，一次能存储汉字 6500 多个，改变了以往 LASER 系列只能处理西文、不能处理汉字的状况。这种模块，配接在 LASER 系列计算机上，能以家用彩色、黑白电视为屏幕，以磁带机或收录机为存储器，使用原有键盘处理汉字，不改变原有计算机的功能。它还具备较强的表格处理、文本编辑、屏幕制图等多种功能，可组汉字的字数不受限制，有英、俄、希腊文等多种字符和多种数字符号，输出的汉子可在 360 度范围旋转，排版方向不受限制，并可处理各种艺术字。该模块（又称汉字多功能扩展器）1987 年 9 月 16 日通过国家教委组织的技术鉴定。1988 年 3 月，庄志荣副教授发明的相关两种汉字多功能扩展器已获得发明专利，并投入批量生产，还举行了定型投产新闻发布会。

1986 年 7 月 12 日，北京联大机械工程学院根据该院电气工程系 1986 届毕业生设计原型进一步研制的心肺复苏人体教学模型❷，在北京通过技术鉴定。该模型运用了计算机技术等多门学科知识，具有人机对话等多种功能，填补了国内空白，是我国医学教学采用微型计算机的一个有益尝试。

---

❶ 《人民日报》1987 年 8 月 5 日、1987 年 9 月 18 日，1988 年 3 月 15 日。

❷ 《人民日报》1986 年 7 月 16 日,《北京日报》1987 年 5 月 19 日,《人民日报》1987 年 6 月 15 日。

第三章

探索应用型大学办学道路（1994—2002 年）

伴随着国家高等教育大众化及教育类型多样化的发展趋势，北京联大积极探索应用型大学办学道路，在推进应用性本科教育、加强应用型科学研究、强化学生素质、探索高等职业教育等方面取得丰硕成果。这一时期，北京联大对学院的调整力度很大；校本部正式落户北四环校区（当时称小营校区）；在校园基本建设、实验（实训）室建设、各类教学设备配备等方面也取得长足发展。

1993 年 12 月 18 日，北京联合大学新校舍奠基典礼在朝阳区小营举行。左四为林炎志，左五为李志坚，左六为李润五，左七为张玉如，右一为李煌果校长

1993 年 12 月 18 日，北京联合大学新校舍奠基典礼在北京市朝阳区小营隆重举行，典礼由学校党委书记张玉如主持。时任北京市委副书记李志坚，副市长李润五、胡昭广，国家教委专职委员林炎志及北京市有关部门的同志出席了奠基典礼。新校舍建设地址位于北四环路小营地区，占地 5.8 公顷，计划建筑面积 5 万余平方米，新校舍建成后，将成为北京联大校部所在地。在这片校区上，北京联合大学进入了从分散办学到整合发展的关键期。联大人抓住办学主要矛盾，把握发展规律，坚持就地整合，开始了学校历史上最大规模的院系调整，逐步理顺内部管理体制。

经过十余年（含大学分校时期）的建设与发展，此时的北京联合大学，设有 50 多个专业、130 多个实验室和系列电化教育设施。学校实行多层次办学，在办好现有本科的基础上，积极发展专科和成人高等教育，已成为北京市一所具有自身特色的多学科的综合性大学，为社会发展和首都经济建设发挥了重要作用。时任北京市副市长的胡昭广同志在 1993 年 12 月北京联合大学新校舍奠基典礼时题词：百年大计，千秋功业。这既是对我校的美好寄语，也是对北京联大在极端艰苦、困难的条件下办学成就的高度肯定。

一、健全完善高校领导体制 ❶

1994 年 1 月 24—25 日，中共北京联合大学第一次代表大会召开。选举产生了中共北京联合大学第一届委员会和中共北京联合大学纪律检查委员会。1994 年，第一届党委根据上级精神，制订了党委会和常委会的职责。党委会的职责：（1）北京联大党委实行党委领导下的校长负责制，党委对学校的工作实行统一领导。（2）根据党的路线、方针、政策和校党代会的决议，讨论决定全校改革、发展、建设中的重大问题。（3）讨论通过党委的工作总结、计划。

<hr />

❶ 《北京联合大学志（1978—2000）》，第 10~15 页。

（4）听取和审议校党委会的工作报告。（5）讨论、决定全校党的建设、思想政治工作中的重大问题。（6）向校党代表大会负责并报告工作。（7）负责召开党代表大会和党员代表会议。党委常委会的职责：（1）党委常委会在党委全体会议闭幕期间，行使党委职权。（2）根据党的路线、方针、政策和校党代会、校党委全体会议所做出的决议，讨论并决定学校在教学、科研、行政管理中的重要问题，讨论决定学校在改革、发展、建设中的重大问题。（3）提出党委的工作计划、工作总结并提交党委全体会议审定。（4）讨论并决定全校党的建设和思想政治工作中的重要问题，负责处理日常的党务工作。（5）讨论并决定校工会、教代会、团委、学生会等群众组织在工作中提出的重要问题。（6）讨论各学院领导班子调整配备问题，协助市委教育工委加强各学院领导班子建设等。（7）负责召开党委全体会议，向党委全体会议负责并报告工作。

从 1994 年第一届党代会召开起，北京联大实行党委领导下的校长负责制，党委对学校的工作实行统一领导。与党代会召开之前相比，学校党委的领导管理职能逐步加强，表现在学校发展建设中的重大问题，由校党委统一研究，全面安排；日常工作中的一些重要问题由校党委常委讨论决定。第一次党代会之后，除校本部学院外，各学院仍是相对独立的办学实体，各学院党委仍行使较完整地基层党委职能：表现在各学院的党委直接参加市委召集的会议，市委的文件直接发到学院党委，有许多工作，市委和教育工委直接布置到各学院；系处级中层干部的考核、调整、任免权基本上在各学院，副处级干部的任免由各学院党委决定。

1996 年北京联大校部和电子自动化工程学院搬到新校址之后，校院体制进一步调整，校党委对校本部学院实行统一领导。

1999 年 4 月，中共北京联合大学第二次代表大会召开。第二届党委对党委会和常委会的职责进行了部分修订，并明确了校长的职责。修订后的党委会的职责如下：（1）贯彻执行党的路线方针政策、上级重要指示决定和校党代会决议的方案、措施。（2）讨论、决定学校办学方向、办学指导思想、发展规划，党的建设、精神文明建设和德育工作规划，重大改革方案等学校重大问题。（3）审议常委会工作报告、校长工作报告、纪委会工作报告。（4）通过学校年度工作计划、工作总结。（5）审议提交校党代会和党员代表会的议题及会议文件。（6）上级党组织和常委会提交讨论的其他重要问题。修订后的党委常委会的职责：（1）贯彻执行党的路线方针政策，上级指示、决定，党委会决议的实施方案和重要措施。（2）讨论、决定党的建设、党员发展、党风廉政建设、思想政治工作、德育工作、精神文明建设、校园综合治理工作中的重要问题；研究党内外思想状况和党风廉政建设状况；按有关规定讨论和处理学校党组织和党员违纪案件，提出意见、建议或作出决定。（3）讨论、决定办学方向、办学指导思想、发展规划、教育教学改革、管理体制等重要问题。（4）决定校部机关及直属单位、信息学院、应用技术学院、继续教育学院的正副处级干部和其他学院正副处级干部的任免；讨论、决定干部队伍建设、机构设置等重要问题。（5）讨论、决定学校年度财务预决算、大额度资金的使用和财务工作中的重要问题。（6）讨论通过学校年度工作计划和总结。（7）校工会、共青团、学生会等群众组织和校教代会工作中的重要问题；涉及群众利益的重要问题。（8）批准学校与国际国内的重要合作与交流项目。（9）维护学校稳定，以及其他应当提交常委会讨论决定的重要问题。（10）需要提交党委全会决定的问题。

随着 2002 年年初学校对院系进行大规模学院调整，北京联大对各学院的管理进一步加强。

二、推进应用型本科教育

伴随着国家高等教育大众化及教育类型多样化的发展趋势，北京联大积极探索应用型大学办学道路，在推进应用性本科教育、加强应用型科学研究、强化学生素质、改善办学条件等方面都取得丰硕成果。另外，这一时期，在上级的指导和帮助下，学校还积极探索发展高等职业教育，为我国不同类型、不同层次的高等教育发展提供了有益经验。

（一）应用型人才的培养目标

1994年1月召开的北京联大第一次党代会提出：立足首都，面向城乡企业、面向基层、面向生产第一线，培养德智体全面发展的适应首都经济建设和社会发展需要的应用型本科人才和高等职业技术人才，力争把我校办成具有自身特色的较高水平的综合性地方大学。从而明确了我校的应用人才的培养目标。校党委张玉如书记在第一次党代会上的工作报告中指出，要培养德智体等全面发展的、适应经济建设与社会发展需要的应用性人才和高等职业技术人才。李煌果校长在此次党代会上的校长报告中强调：要培养社会急需的德智体全面发展的有一定理论基础和较强实践动手能力的应用型人才。要建立健全人才培养机制，要面向实际，建立新的办学模式：（1）从实际出发，进一步明确直接为首都经济建设和社会发展服务的办学方向和培养目标；将培养规格由单一型、研究型，向应用型、复合型转变，使学生具有较强的适应性。（2）多学科、多形式、多层次办学。（3）建立以教学为重心，教学、科研、生产一体化的运行机制，大力加强学校与社会的联系，重视生产实践环节。❶

继任的李月光校长也曾多次强调："联大只有走特色发展的道路，才有希望。"李月光校长特色发展理念中的一个重要内容，就包括对应用性（型）人才的培养。

1999年，学校在《关于修订1999年教学计划（普通本科）的原则意见》中，强调培养具有相关专业基本理论和较强实践能力的应用型工程技术人才和应用型专门人才。2000年，学校在《关于

❶ 参考1994年1月25日，李煌果校长在中共北京联合大学第一次党代会上的报告《团结起来，为把我校建设成具有自己特色的新型地方大学而奋斗》；北京联合大学编：《李煌果文选》，北京出版社2015年版，第101~103页。

制定技术应用型本科教学计划的原则意见》中，强调培养在某种职业技术领域获得较高理论和技术方面训练，具有持续发展潜力的高级技术应用型专门人才。上述文件对学校应用型人才的培养目标进行了具体阐述。

（二）院系和专业的大规模调整

1. 院系调整

1994 年以来，学校在市委教育工委、市教委的支持下，逐步对相关的院系进行了较大幅度的调整。

1994 年 3 月，北京市政府办公厅发布〔1994〕厅秘字第 14 号批复通知，市政府同意北京联大文理学院与文法学院的档案、法律、政治等系合并，撤销北京联大文理学院，成立北京联大应用文理学院。

1994 年 3 月，北京联合大学文法学院改名为北京联合大学继续教育学院。●调整后，应用文理学院和继续教育学院的规格都不变。

1994 年 3 月，根据北京市政府办公厅发布〔1994〕厅秘字第 14 号批复，北京联大自动化工程学院与北京联大电子工程学院合并，成立电子自动化工程学院。1994 年 9 月，两院完成合并，正式成立北京联合大学电子自动化工程学院。直至 1995 年 12 月，仍维持在原先两院的院址办学。1995 年 12 月，电子自动化工程学院并入北京联大校本部。

1996 年 1 月，北京联大电子自动化工程学院（除计算机工程系、自动化工程系暂留黄化门外），从黄化门、沙子口和五道口原校址分别迁入新建成的位于朝阳区北四环东路 97 号的北京联大校本部。

1997 年 12 月，由北京联大轻工工程学院演变而来的北京联大建材轻工学院撤销建制，并入校本部；与电子自动化工程学院合并调整，组成信息学院和应用技术学院。

1997 年 12 月，北京联大纺织工程学院更名为北京联大商务学

● 内部设有一个北京市高校干部培训中心，人员编制归继续教育学院，但业务归北京市委教育工委和北京市教委领导。

院。1998 年 3 月 13 日，举行北京联大商务学院揭牌仪式。

1999 年 9 月 15 日，北京联合大学与北京市外企服务总公司联合开办的北京联合大学（廊坊）分校，在位于廊坊经济技术开发区的华北大学城举行开学典礼。

2000 年 1 月 13 日，北京市教委文件京教计〔2000〕002 号批复同意将北京第一师范学校整建制划归北京联大，成立北京联合大学特殊教育学院，它是全校唯一一所具有独立法人资格的正处级建制学院。❶

2000 年 4 月 11 日，北京联合大学广告学院成立。学院由北京联大与《人民日报》社所属北京诺贝广告有限公司合作举办，2000 年 4 月—2009 年 7 月为校企合作办学阶段，是北京联大所属的二级学院，不具有独立法人资格；按照民办机制运作，有相对的独立性，自负盈亏。学院实行管理委员会领导下的院长负责制的管理体制；办学地点在黄化门街 5 号。2001 年 8 月，学院搬入海淀区温泉镇东埠头村百亭鱼乐园，占地面积 660 亩。2009 年 7 月 30 日，北京联大与诺贝广告公司终止合作办学协议，广告学院完全属于北京联大，正处级建制。2010 年 7 月，广告学院迁入北京联合大学昌平校区，院址位于北京市昌平区石牌坊村南。

2000 年 12 月，根据北京市教委京教计〔2000〕67 号文件，北京联大机械工程学院并入校本部。地址仍在白家庄，但从此属于校本部学院。

2001 年 1 月 6 日，市教委批复同意将校址位于什刹海的原北京化工局职工大学划转给北京联合大学，并入北京联大成人教育部。2003 年 4 月，北京联大制订《关于成人教育部并入继续教育学院的意见》（京联党组〔2003〕43 号）。2003 年 11 月 21 日，北京市机构编制委员会办公室发出《关于调整北京联大继续教育学院机构编制的函》（京编办事〔2003〕100 号）：同意北京联合大学成教部

---

❶ 从 2011 年 1 月 1 日起，由二级处级法人学院体制调整为二级处级非法人学院体制。

并入北京联合大学继续教育学院，成教部 56 人的编制划入继续教育学院。至此，北京联大继续教育学院拥有两个校区，一个是位于西城区西单北大街丰盛胡同 13 号的丰盛校区（原文法学院校址），一个是位于西城区鼓楼大街前海东沿 50 号的什刹海校区（原北京市化工局职工大学的校址）。

2001 年 2 月 12 日，根据市教委京教计〔2001〕11 号文件，北京联合大学中医药学院转出，并入首都医科大学。

2001 年 5 月 30 日，北京联合大学与东方（华北）大学城开发有限公司合作创办的东方大学城信息技术学院合作办学签字仪式在东方大学城举行。2001 年 6 月 15 日，北京联合大学东方大学城信息技术学院❶正式成立，该学院由北京联合大学信息学院承办，负责教学工作，办学地点设在东方（华北）大学城，开设有自动化技术、计算机应用技术和通信技术 3 个高职专业。

2002 年 1—4 月，北京联大对原机械工程学院、信息学院、应用技术学院的专业学科进行整合重组，取消了这 3 个学院的二级法人资格；成立了北京联大（新）信息学院、机电学院、自动化学院、管理学院，纳入校本部直接管理。简称"撤三建四"。

2002 年 7 月，北京联大化学工程学院更名为北京联大生物化学工程学院。

2. 学科专业建设

北京联大根据北京市产业结构调整和人才需求变化，开始改造传统专业、优化学科专业结构，对专业设置进行了调整。随着 1994 年 3 月应用文理学院和电子自动化工程学院的建立，学校先后建设了食品科学、经济法两个 A 类市级重点建设学科，和通信与电子系统、计算机应用两个 B 类市级重点建设学科；开展了技术应用性本科专业试点。

---

❶ 2004 年，该学院被列入北京联大所属学院系列，同时更名为"北京联合大学东方信息技术学院"（俗称"东信"或"小信息"）。2007 年，学校加快学科整合力度，决定东信学院停止招生。2009 年 7 月，北京联合大学撤销"东方信息技术学院"建制。

应用文理学院重点建设应用理科和应用文科，把相关性较大的专业组建专业群。1996年，学院将13个系科合并为6个。1997年9月，应用文理学院汪馥郁、葛明德、刘季稔、朱耀廷撰写的《努力办好应用文科、应用理科，培养应用型、复合型人才》获得北京市优秀教学成果一等奖。

1996年，电子自动化工程学院将涉及多学科的十几个专业调整为电子信息类一个学科为主的计算机科学与技术、自动化、电子工程三大宽口径专业。

1997年，纺织工程学院调整学院办学方向，停办纺织工程类专业，增设面向第三产业商务活动的新专业，培养应用性商务人才，并于当年12月31日，更名为商务学院。

20世纪末—21世纪初，化学工程学院适应北京市收缩化工业、积极发展生物技术和新医药产业的需求，将化工类专业改造，调整为生物化工类专业。学院在2002年7月更名为生物化学工程学院。

北京联大在建设技术应用性本科试点专业的同时，承担了市教委下达的建设"专接本"两年制技术应用性本科专业的任务，在本市三年制高职学院的毕业生中招收学生，培养两年后，考试合格者颁发本科毕业证书。

（三）课程与教材建设

为提高应用型人才培养质量，北京联大加强课程建设与教材建设。2000年，制定实施《北京联大关于加强课程建设的意见》，公布优秀课程评价标准。2002年，启动"精品课程建设工程"，出台了《关于加强精品课程建设的管理办法》，计划2008年之前建设100门左右的精品课程，与市级精品教材建设项目相配套。

1995年，电子自动化工程学院王毓银教授编著的《脉冲与数字电路》荣获国家教委一等奖。2002年，王毓银编著的《数字电路逻辑设计（脉冲与数字电路）》（第三版）获得教育部全国普通高等学校优秀教材二等奖。同年，信息学院高林、袁玫教

1995 年 12 月 30 日，北京联合大学电子自动化工程学院王毓银教授编著的
《脉冲与数字电路》荣获第三届普通高校优秀教材国家教委一等奖

授编著的《计算机公共基础》获教育部全国普通高校学校优秀教
材二等奖。

应用文理学院刘隆亨教授编著的《经济法概论》（第四版）获
2001 年北京市教育成果二等奖；《金融法学》获 2003 年司法部优
秀法学教材三等奖。1997 年，谭浩强、田淑清教授编写的《BASIC
语言》一书，荣获国家科学进步三等奖。计算机教育专家谭浩强教
授 30 多年来编写（含与他人合编等）计算机著作 150 多部，曾先
后荣获国家科技进步奖、部委级优秀教材奖等奖项。

（四）师资队伍建设

北京联大重视师资队伍建设，通过明确目标，制定规划，加大
投入，调整结构，全面提高师资队伍的综合素质和水平。

1999 年，学校召开教学工作会议，主题是明确教学工作在学
校工作中的中心地位、教师在办学中的主体地位、教师在教学活动
中的主导作用。2000 年全校教学工作会议的主题是加强教师队伍
建设，会议通过了《北京联合大学 2001—2003 年教师队伍建设规
划》。2001 年全校教学工作会议强调：现有教师要努力适应高职教

育的教学要求，引进和培养"双师型"教师；从企业、行业常年聘请兼职教师。2000—2001学年，全校荣获北京市劳动模范个人的1人，被北京市高教局评为高校青年学科带头人的3人、评为优秀青年骨干教师的97人，12人被市教委评为北京市优秀教师。在北京市青年教师基本功比赛中，全校获得一等奖2项、二等奖1项、三等奖6项。

在这一时期，刘隆亨、谭浩强、林定基、王福贞、叶绍英等教授被北京市政府授予"有突出贡献专家"称号。到2015年1月底，全校有43位享受政府特殊津贴的教师，其中绝大多数都曾在这一时期（1994—2003年）的北京联大工作过，或是在这一时期退休。足见这一时期，学校的师资力量很强。

（五）实验室建设 ❶

1985—1996年，北京联大对全校实验室主要采取宏观管理，日常工作以学院为主。1993—1995年，学校利用市教委专项经费对自动化工程学院、电子工程学院的基础实验室增加投资进行建设。1994年，自动化工程学院、电子工程学院合并成立电子自动化工程学院后并入校本部，1996年从丰盛胡同、黄化门、五道口三地搬入小营，北京联大对电子自动化工程学院的实验室建设开始实行具体管理。

为适应教学需要，合理利用教学资源，避免重复建设，北京联大于1996年把各教学实验室做了适当调整。调整后校本部实验室数量为27个，实验室总面积2577平方米。在此基础上，学校重点投资建设了物理、化学、生物、信息技术、计算机辅助教学、应用经济6个面向各学院开放的校级实验室。还重点建设了职业技术师范学院服装CAD工作站，机械工程学院CAM实验室数控机床实验加工中心，机械工程学院日本200B电镜实验室，信息学院程控交换中心等校级实验室。1996年，应用文理学院的保健食品功能

---

❶ 参考相关档案，以及《北京联合大学志（1978—2000）》，第130~132页、第241页、第246页。

检测中心（实验室）被卫生部认定为国家级保健食品功能检测中心。此外，1997—2000 年，校本部电工电子实验室，电子自动化工程学院物理实验室，应用文理学院信息技术与物理实验室、生物化学实验室，职业技术师范学院基础化学实验室、电子技术实验室，机械工程学院物理实验室、电子电工实验室，化学工程学院综合化学实验室、物理电工实验室，中医药学院生物药理实验室、化学实验室，商务学院纺织材料实验室共 13 个基础课实验室相继通过了市教委组织的合格评估。

2000 年 7 月，北京联大成立校电子信息技术实训基地教学管理机构，该基地为学校直属教学管理单位。

（六）合作办学

合作办学是培养应用型人才的重要途径，合作单位往往能提供校外实训基地，使学生能够得到更好的实习锻炼，获得更高层次的实操技巧。学校积极与政府相关部门、产业部门合作，坚持依托行业、企业和社会办学，取得了丰硕成果。

1998—2000 年，应用技术学院与太平洋保险公司北京分公司合作办学。

1999 年 12 月 27 日，市教委京教办〔1999〕085 号批复，同意北京联合大学与香港尚贤教育机构合作创办"北京管理研修学院"。

2000 年 3 月，商务学院与中日合资的华堂商厦合作办学。

学校还与包括北京诺贝广告有限公司、中国网通控股公司等企业签署合作协议。2000 年 3 月 22 日，北京联合大学与《人民日报》社所属北京诺贝广告有限公司签订《关于北京联大广告学院合作办学协议书》。2000 年 4 月 11 日，北京联大广告学院❶正式成立。

2000 年 7 月 6 日，北京联合大学与中国残疾人联合会联合举

---

❶ 2009 年 7 月 30 日，北京联合大学与诺贝广告公司终止合作办学协议，广告学院成为学校直属二级学院，正处级建制。2010 年 7 月，广告学院迁入位于北京市昌平区石牌坊村南的北京联合大学昌平校区。

办北京听力语言康复技术学院协议签字仪式在中国残联举行。中国残联主席邓朴方、北京市副市长翟鸿祥、市教委副主任耿学超、副理事长王成金参加了签字仪式。北京联大校长熊家华与中国残联理事长郭建模在合作协议书上签字。

2003 年 12 月，北京联合大学与中国网络通信有限公司和中国网络通信（控股）有限公司、北京禾光永业科技有限公司联合创办二年制高等职业技术学院——北京联合大学网通软件职业技术学院❶（以下简称"网通学院"），是北京联大下属的独立二级学院，具有独立法人资格；实行董事会领导下的院长负责制，网通学院租赁北京财贸学院的涿州校区办学。

三、科研工作蓬勃发展

学校积极开展各项科研工作，多次召开科研工作会议，制定政策，布置任务，推动科研工作。2000 年 9 月 26 日，北京联大召开全校科研工作大会。会议发布并实施了第一份系统和全面的科研管理文件《北京联合大学科研工作管理办法（试行）》（京联发〔2000〕166 号），学校的科研工作步入了规范化发展的阶段。

（一）校级及以上科研机构

截至 2003 年，北京联合大学共建有市级、校级研究所 12 个，如表 3-1 所示。

北京学研究所是 1998 年 1 月经北京市批准成立的科研机构，其宗旨是立足北京、研究北京、服务北京。北京学研究具有明显的地域性、综合性和应用性的特点。该所承担认识、分析、研究北京的城市性质与功能，研究城市发展战略，为北京的经济发展和战略

---

❶ 2005 年 7 月，网通学院迁到北京市昌平区石牌坊村南涉外学园，与北京联合大学国际语言文化交流学共同租赁智慧园办学。2008 年 4 月，网通学院与原合作企业解除关系，并停办；教职工、学生和专业等都并入新成立的北京联合大学应用科技学院。

决策服务；并通过多学科的综合研究，在实践中逐步建立"北京学"的理论体系。1998 年 6 月 30 日该所正式成立，初设北京城市、北京文化、北京经济、北京旅游、北京学基础理论 5 个研究室。

表 3-1　北京联大建立—2003 年校级以上研究所一览表

序号	名称	成立时间	备注
1	生物活性物质与功能食品重点实验室	1987 年 7 月	市级
2	经济法研究所	1988 年 7 月	
3	台湾研究所	1989 年 5 月	
4	应用性高等教育研究所	1996 年 11 月	
5	高等技术与职业教育研究所	1997 年 11 月	
6	北京学研究所	1998 年 1 月	
7	奥林匹克文化研究中心	2001 年 12 月	
8	民族与宗教研究所	2002 年 10 月	
9	特殊教育研究所	2003 年 6 月	
10	制药工程研究所	2003 年 6 月	
11	应用经济与管理研究所	2003 年 7 月	
12	社区建设与城市管理研究所	2003 年 8 月	

高等职业教育研究所是 1997 年 12 月经北京市编制办批准成立的从事高等职业教育研究的专门机构。1998 年 7 月 14 日北京联大"高等职业教育研究所"正式成立，下设高职教育、高职比较教育、咨询等研究室，并办有所刊《北京联合大学高教研究》。

（二）科研活动

1995 年，学校科研处组织各学院制定了学院的"九五"科技发展规划，据此，学校制定了《北京联合大学"九五"科技发展规划》。1998 年，校科研处编辑出版了《北京联合大学科研成果推广项目汇编》。

与此同时，教师队伍的科研意识普遍增强，教师们积极投身科研活动，学校的学术地位逐步提高。这一时期共计有 32 人在 44 个校外学术团体中任重要职务。谭浩强任全国高等学校计算机基础教育研究会理事长。林定基任中国计算机学会教育咨询委员会主任，中国计算机用户协会创建人之一网络分会理事长，中国计算机软件行业协会 MU 应用分会副理事长。刘隆亨任中国税法学研究会会长，中国法学会西部开发学会副会长，北京市财税法和金融法研究会会长，北京市经济法研究会常务副会长。方生任中华预防医学会北京分会副会长，北京艾滋病防治协会副会长。钱英任中国中医药学会常务理事，中国中医药学会内科肝胆病专业委员会主任委员，北京中医药学会副会长，北京中医药学会内科分会主任委员，北京中医药学会继续教育委员会主任委员，北京中西医结合学会常务理事。高林任中国高等职业技术研究会副会长，全国高等学校计算机基础教育研究会副理事长兼秘书长，全国高等学校计算机基础教育研究会高职高专专业委员会主任，北京高等学校计算机基础教育研究会理事长。

1996 年 5 月 4 日，北京联大首届科研成果颁奖大会在校部召开。评出自然科学类科技进步奖 27 项，自然科学类优秀论文 27 项；人文社会科学类优秀成果 9 项，人文社会科学类优秀论文奖 21 项。

1997 年 6 月 2 日，电子自动化工程学院"视频图像通信研究"列入北京市教委科技发展及人文社科研究计划项目。

2001 年 5 月 10—16 日，学校参加由北京市人民政府主办、50 多所北京高校参加的第四届中国北京高新技术产业国际周大型展览（会）活动。全校有包括巨磁—阻抗非晶丝、牦牛绒制品的开发应用、多功能水处理剂、金属磁性衬板、虚拟现实、Uni-well 综合信息管理平台软件等 16 项成果参展。一些项目受到有关人士的好评。

2002 年 11 月 23 日，生物化学工程学院召开生物技术与中药现代化研讨会，北京大学医学部林文瀚教授、北京中医药大学中药学院郭亚健教授、北京联合大学应用文理学院金宗濂教授等做了大会发言。

2002 年 12 月，生物化学工程学院开展产学合作，曹辉教授及其团队与日本 OMRON（中国）共建"北京联大欧姆龙测控技术实验室"；并与该公司联合开发了"可编程序控制器职业技能证书"，搭建起职业技能证书培训平台。

（三）科研成果

1994—2000 年共获得市级（含）以上科研成果 52 项，其中获省部级（含）以上科研成果 17 项：张娅娅的《社会问卷调查应用于中国当代文学研究教学工作的方法与意义》，朱耀廷的《成吉思汗全传》分别获得 1994 年北京市第三届哲学社会科学优秀成果二等奖，刘隆亨的《中国税法概论》（第三版）和《银行法概论》（第三版），分别于 1995 年和 1996 年荣获国家税务总局部级优秀成果奖、北京市第四届哲学社会科学优秀成果二等奖。金宗濂与总后军需设备研究所的合作研究项目"高能野战口粮"，在 1999 年荣获中国人民解放军总后勤部科技进步三等奖。徐博东的《浅析"台独"产生的根源》，在 1999 年获得北京市统战系统优秀论文评比二等奖。朱显龙的《目击台海危机》，于 2002 年获得北京市第七届哲学社会科学优秀成果二等奖。何立千的《生物技术黄腐酸的研究和应用》于 2000 年获得国家石油和化学工业局（化工部）第六届优秀图书二等奖（见表 3-2）。

机械工程学院研制的 WDDH 系列镀膜机，在 1993—1999 年创造产值 339.19 万元，实现利润 63.47 万元。

1997 年 10 月 22 日，时任国家教委高教司司长钟秉林、市教委副主任林浦生来机械工程学院视察，参观机械工程学院研制的 WDDH—1000 型离子镀膜机。

1997 年 10 月 22 日，时任国家教委高教司司长钟秉林、市教委副主任林浦生在机械工程学院视察

表 3-2　1994—2003 年获省部级（含）以上科研成果奖一览表 ❶

序号	成果名称	获奖级别	主要完成人	获奖单位
1	半解析函数及其应用	1994 年获北京市科技进步三等奖	王见定	机械工程学院
2	社会问卷调查应用于中国当代文学研究教学工作的方法与意义	1994 年获北京市第三届哲学社会科学优秀成果二等奖	张娅娅	应用文理学院
3	成吉思汗全传	1994 年获北京市第三届哲学社会科学优秀成果二等奖	朱耀廷	应用文理学院
4	"软肝煎"治疗乙型慢性活动性肝炎及抗肝纤维化的理论、临床与实验研究	1996 年获国家中医药管理局科技进步三等奖	车念聪、傅修文、高连印、钱英	中医药学院
5	质量评估支持系统	1998 年获北京市科技进步三等奖	李章华	机械工程学院
6	半解析、双解析函数及其应用	1998 年获北京市科技进步三等奖	王见定	机械工程学院
7	我国民主与法制的目标和道路	1998 年获北京市第五届哲学社会科学优秀成果二等奖	刘隆亨	应用文理学院
8	高能野战口粮	1999 年获中国人民解放军总后勤部科技进步三等奖	金宗濂	应用文理学院
9	诸子人才观与现代人才学	1999 年获第二届全国人事科研成果评审三等奖	朱耀廷	应用文理学院
10	浅析"台独"产生的根源	1999 年获北京市统战系统优秀论文评比二等奖	徐博东	应用文理学院
11	中华人民共和国经济史	2000 年获北京市第六届哲学社会科学优秀成果二等奖	董英辅	应用文理学院
12	基督教与北京教堂文化	2000 年获北京市第六届哲学社会科学优秀成果二等奖	佟洵	应用文理学院

❶ 《北京联合大学志（1978—2000）》第 99~100 页；徐永利，张楠主编《北京联合大学志（2001—2010）·学院篇》，北京大学出版社 2014 年版，第 1131 页、第 64 页。

序号	成果名称	获奖级别	主要完成人	获奖单位
13	个别教育计划的理论与实践	2000 年获北京市第六届哲学社会科学优秀成果二等奖	刘全礼	特殊教育学院
14	功能食品评价原理及方法（科技专著）	2000 年获北京市科技进步三等奖	金宗濂	应用文理学院
15	陈水扁当选之可能性及其对岛内政局的影响	2000 年获国务院台湾事务办公室一等奖	徐博东	应用文理学院
16	生物技术黄腐酸的研究和应用	2000 年获国家石油和化学工业局（化工部）第六届优秀图书二等奖	何立千	职业技术师范学院
17	不朽的形象，崇高的精神	2000 年获第二届中国曹禺戏剧评论奖	周传家	应用文理学院
18	机构革命	2001 年获第三届全国人事科研成果三等奖	孔昭林等	应用文理学院
19	科研院所综合评价指标体系和方法	2001 年获北京市科技进步三等奖	李章华、廖文国、赵飞	机械工程学院
20	金融法学	2002 年获司法部法学优秀科研成果三等奖	刘隆亨	应用文理学院
21	成吉思汗	北京市优秀图书一等奖	朱耀廷	应用文理学院
22	目击台海危机	北京市哲学社会科学优秀成果二等奖	朱显龙	应用文理学院
23	北京戏剧史	北京市哲学社会科学优秀成果二等奖	周传家	应用文理学院

化学工程学院自 20 世纪 80—90 年代中期，分别以王兴平、王俊为首的课题组，对固化型静电植绒胶展开了长期研究，研制成功系列黏合剂；并于 1998 年 4 月获得国家发明专利。

1996 年 9 月 18—21 日，北京联大 40 多项科研成果参加北京市在国际贸易中心举行的科技成果洽谈会，时任北京市委书记尉健行视察北京联合大学展位。

1996年9月，时任北京市委书记尉健行视察北京联大展位

四、强化学生素质教育

学校重视学生应用能力和综合素质的培养，开展多渠道、多种形式的社会实践活动，参与志愿者服务，为学生搭建全面发展的舞台。中国科技馆（老馆）建成后，北京联大自动化工程学院于1994年4月9日在该馆创立首都第一个大学生志愿者活动基地。自动化工程学院学生是科技馆重要的大学生志愿者群体。1994年6月3日下午，我国第一个正式命名的"志愿者活动基地"在中国科技馆举行授旗仪式，自动化工程学院副院长李大为代表学院出席。1996年，应用文理学院档案专业学生参加国际档案展览服务，受到主办单位等各方的好评。1998年5月1日，校团委与西城区团委、西单商场联合发起希望工程劝募活动。应用文理学院外语系学生自2000年起，一直坚持进社区居民课堂讲授外语，受到社区和居民的称赞。

组织学生参加各类大赛是北京联大办学的一大特色和亮点。在组织参赛的过程中，学校注重大赛文化和大赛育人的作用。即把学生参加大赛作为校园文化来培育，作为育人的有效途径加以坚持和开拓；通过大赛取得的佳绩，内鼓士气、外树形象。比如，商务学院为此还专门制订了参赛的相关政策，并在组织、奖励、宣传等各个环节加以落实。在社会上对北京联大不太了解的情况下，我们的学生通过参加各类大赛，与名牌大学学生同台竞技、在公平的博弈中获奖，展现了学校的办学实力和学生的水平，也展示了北京联大和联大人的自信形象。

北京联大学生在外语考试、数学建模大赛、电子设计大赛、挑战杯大赛等各类赛事中，绽放光彩，提高了自身素质，为学校赢得了荣誉。1996 年，电子自动化工程学院学生参加全国大学生数学建模比赛，获北京赛区一等奖 1 个，二等奖 2 个。1998 年 1 月，应用文理学院 1997 届毕业生韩文安荣获 96—97LCCIEB（商务英语）资格证书考试中，获得该次中国考区 LCCI（二级）考试的总分第一名；外方人员还专门到京，向获得此次考试的金银牌获得者颁奖；次年同期，应用文理学院 1995 级学生贾洪波在该项考试中，再次荣获中国考区总分第一名。1998 年，电子自动化工程学院参加第三届全国大学生电子设计大赛，获二等奖、北京赛区一等奖。

1999 年 11 月 1 日，机械工程学院 96710 班学生李芳的"SD99—1 型粉粒料定量给料器"在第 6 届"挑战杯"全国大学生课外学术科技作品竞赛中，获得全国三等奖。

此外，学校还常年举办学生辩论会，既锻炼了学生的口才和思辨能力，也调动学生关注社会，有助于其成长。

五、改善办学条件

（一）新建扩建校舍

北京市委、市政府重视支持北京联大的建设和发展，多方筹措资金，拨付专项经费，划拨办学用地。1993 年 12 月 18 日，北京联大新校舍奠基典礼在朝阳区小营（北四环东路）隆重举行，揭开了此后 10 年北京联大基本建设的序幕。1994—2003 年全校新建扩建校舍 13 万平方米，学校的办学条件得到明显改善。

1994 年 11 月 18 日，北京市政府市长现场办公会在北京联大职业技术师范学院召开，主要研究该院的基本建设问题。李润五、胡昭广两位副市长，市政协副主席、市委教育工委书记陈大白以及市委教育工委、市财政局、高教局、劳动局、科干局负责人和朝阳区区长及有关委、办局负责人，北京联大党委书记熊家华、校长李月光等参加。1995 年 11 月 20 日，胡昭广副市长来到位于亚运村小营的北京联大新校址视察，并召开现场办公会。听取李月光校长关于学校发展高等职业技术教育、基本建设、教职工住房及学校调整问题的汇报，并就北京联大面临的一些亟待解决的问题，议定出解决的具体措施和办法。1996 年 12 月 18 日，胡昭广副市长再次来到职业技术师范学院，召开现场办公会，解决学院基建中的问题。

1996 年 1 月，北京联大校本部从西城区丰盛胡同 13 号（原文法学院院内）迁至新建成的位于朝阳区北四环东路 97 号的北京联大新校址。❶

（二）加强教学设施、教辅机构及设备建设

1. 实验室建设 ❷
2. 实训基地建设 ❸

1997 年之前，北京联大没有实训基地。1997 年，随着北京市教委下达的"实训基地建设"专款，学校首批规划建设了 4 个实训基地：①校本部"电子信息技术实训基地"。②化工学院"精细化工中试实训基地"。③应用文理学院"信息网络综合实训基地"。④原机械工程学院"机电应用技术实训基地"。经过几年的不断投入，学校对原有的实践环境进行整合调整和追加投资建设；还新

---

❶ 北京联合大学新校址，位于朝阳区北四环东路 97 号，当地称"小营"，也称亚运村小营，所以北京联大新校址也称为"小营校区"。因北京有不止一处称"小营"，为避免混淆，2011 年 9 月底，作为北京联合大学的核心主校区，"小营校区"改称为"北四环校区"。

❷ 详见本章标题二（五）实验室建设。

❸ 《北京联合大学志（1978—2000）》，第 132~133 页、第 134~135 页。

建两个实训基地：应用文理学院"应用文科综合实训基地"和商务学院"商务综合实训基地"。在上级的财政支持下，北京联大在1996—2000年先后对6个学院（含校部）投资2150万元，用以建设实训基地。2000年，学校接收北京市的实训基地贷款1691万余元。1997—2003年，应用文理学院、职业技术师范学院、旅游学院、（老）信息学院、应用技术学院、机械工程学院、商务学院、化学工程学院、广告学院9个学院分别与北京市朝阳区防疫站等近90个单位建立校外实训基地，为学生搭建实训平台。

1995年，学校电教中心成立，由原先电子工程学院和自动化工程学院两院的电教室合并而成。

1996年，在原先自动化工程学院和电子工程学院两院的计算中心合并基础上，组建了北京联大计算中心，即专业基础课教学部计算机公共基础教学基地。2000年7月，学校成立校电子信息技术实训基地教学管理机构，该基地为学校直属教学管理单位。

（三）通过文明校园评估验收

北京联大最早于1992年4月成立"文明校园建设领导小组"，组长为时任校长李煌果。1995年5月和1997年11月，学校两次对领导小组进行调整，调整后的组长为时任校长李月光。为加强此项工作，各学院也先后成立了领导小组和办公室，具体负责文明校园建设的组织、指导、督促、检查、验收工作。

1996年，学校根据北京市委教育工委《关于北京高等学校开展文明校园建设的意见》，制定了《北京联合大学文明校园建设规划（1996—2000年）》全面规划、部署学校的文明校园建设工作。为保证文明校园建设全面、全员、全过程进行，该领导小组提出要坚持"贵在参与，重在育人；贵在坚持，重在建设；贵在自觉，重在平时"和"过细抓，坚持抓，经常抓，反复抓"；抓软件建设全力以赴，抓硬件建设量力而行，务实求真，多办实事，在解决实际问题上下功夫。具体要求是：通过深化教育，加强思想建设；通过细化管理，美化校

园，加强环境建设；通过净化风气，加强道德建设；通过文化载体，加强文化建设；通过强化队伍，深化文明校园创建活动。❶

经过全校各学院持续数年的艰苦努力，1997—2000 年，校本部、纺织工程学院、应用文理学院、旅游学院、化学工程学院、中医药学院相继通过了文明校园评估验收。

六、探索发展高等职业教育

1993 年，北京市委教育工委和北京市高教局联合下发文件：把北京联大建设成为一所培养德、智、体全面发展的应用型人才的，以高等职业技术教育为主的综合性大学。1994 年，北京市教育工作会议提出将北京联大建设成为北京普通高等职业教育中心。1994年 8 月 22 日，李其炎市长在北京市教育工作会议上要求北京联大"为中等职业教育培养合格师资"。市委教育工委陈大白书记在高校领导干部会议上要求：以北京联大为中心，建立中等与高等职业教育衔接的培养应用型人才的高等职业教育网络。❷按照上级要求，北京联大积极探索发展高等职业教育。在上级领导的关怀与支持下，高职教育教学探索与实践取得丰硕成果。

（一）落实高职为主办学定位的上级指示

1993 年，北京联合大学举办高职教育研讨会，统一办学思想：即发展高等职业教育是北京市经济建设、社会发展和科技进步对人才培养的需要，是北京市高等教育结构统筹规划、合理布局的需要。1998 年，学校制定"九五"发展规划，确定了学校发展建设的奋斗目标，明确了"高职为主，三教统筹"的办学定位。1998 年，市教委发文，对学校的"九五"发展规划做了同意的批复，强调学校要紧密围绕首都经济建设和社会发展的实际需求，加快发展高等职

---

❶ 《北京联合大学志（1978—2000）》，第 145 页。
❷ 陈大白书记的讲话后来刊载于《北京高等教育》1995 年第 1 期。

业教育。1999 年 4 月，学校第二次党代会确认了"九五"发展规划提出的学校发展建设的奋斗目标，强调学校是一所既是以高职为主，也是以本科为主的综合性大学。会议提出，坚持应用型办学方向，努力建设新型的综合性的以高等职业教育为主，普通高等教育、成人高等教育统筹规划，协调发展的地方大学。

1994 年 11 月，北京联大被选为中国高等职业技术教育研究会常务理事单位。

2001 年 6 月 15 日，北京联大入选教育部第二批示范性职业技术学院建设单位。

2001 年 7 月 3 日，根据教育部考察、评审和市教委发布京教高〔2001〕15 号文件《关于公布我市第一批教育部高职高专教育专业教学改革试点名单的通知》，北京联大计算机应用专业、机电应用技术专业、通信技术专业、广告专业被确定为北京市第一批教育部高职高专教育教学改革试点专业。

（二）从试点办班到规模办学

1993 年 9 月，经北京市高教局批准，北京联大首先在自动化工程学院计算机应用专业进行试点：从北京市第二轻工业学校、建材工业学校、机械工业学校等 4 所中专校的计算机专业毕业生中选招高职班学生，经过单独命题，"3+2"考试（数学、语文、英语、1 门专业课、1 门专业实践课），共录取 35 名高职生，学制 2 年，按高等职业技术教育的模式进行培养。从 1994 年起，逐步在北京联大各校区专业扩大试点范围。由于专业培养路子对口，招生情况呈逐年上升的趋势。胡昭广副市长曾亲自为机械工程学院高职班学生颁发职业资格证书。

1996 年 3 月 1 日，李岚清副总理视察我校，他充分肯定了学校发展高等职业教育的办学方向，并指示国家教委增加我校高职教育的招生名额，使北京联大当年招收高职学生 1484 人。1996 年 5 月，国家教委副主任王明达、市教委领导与学校领导座谈发展高等职业教育问题。

在 1993 年高职试点班的基础上，为顺应国家高等教育大众化的趋势，1999 年学校及时调整招生规划，扩大招生规模。到 2000 年 10 月，北京联大当年招生人数已达 6000 余人，为学校后来办学规模的稳定发展奠定了基础。

1996 年 3 月 1 日，李岚清副总理视察北京联大。左一为校党委书记熊家华，左二为国家教委副主任柳斌，右二为北京市委副书记李志坚，右一为校长李月光

（三）"专业—产业"对接建设

1997 年，学校在"九五"发展规划中，根据北京市经济建设和社会发展的需求，结合学校的办学条件，对全校依托本科发展高等职业教育的专业设置做了统一规划，构建出了高职专业"一个目标两个基础三条主线"的人才培养模式，即以培养面向生产、建设、管理、服务第一线技术应用型人才为目标，夯实素质和能力两个基础，贯穿素质教育、理论教育和实践教学三条主线的人才培养模式；进行"专业—产业"对接建设。到 2000 年，经过校、市专家的评审，评出 11 个校级高职重点建设专业，8 个市级（含）以上高职重点建设专业。其中，计算机网络技术、通信技术、机电应用技术、广

告 4 个专业为国家级重点建设的高职专业（见表 3-3、表 3-4）。

表 3-3　高职专业与北京市支柱产业对应关系表

序号	北京市高新技术支柱产业	高职高专相关专业
1	电子信息产业	1. 计算机应用技术、2. 计算机网络技术、多媒体网络技术、3. 计算机控制技术、4. 通信技术、5. 电子技术、6. 声像技术、7. 办公自动化、8. 音响工程、9. 商业实务电脑技术、10. 计算机与通信管理、11. 工程软件应用与开发、12. 电子商务与信息管理
2	光机电一体化产业	1. 自动化技术、2. 机电应用技术、3. 汽车运用工程、4. 室内环境控制工程、5. 暖通空调制冷、6. 智能建筑控制工程
3	生物工程与新医药产业	1. 实用营养技术、2. 分析检测技术、3. 中药制剂、4. 医学检验、5. 听力语言康复
4	新材料与新能源产业	1. 新型建材、2. 装饰与装潢材料

表 3-4　高职专业与北京市第三产业对应关系表

序号	北京市第三产业中的新兴产业	高职高专相关专业
1	金融保险业	1. 金融与证券、2. 国际金融与保险、3. 保险营销、4. 公关与营销、5. 市场营销、6. 电子商务、7. 财务会计
2	旅游业	1. 旅游管理、2. 烹饪与餐饮管理、3. 文博旅游
3	房地产业	1. 建筑装饰工程、2. 建设工程管理、3. 园林
4	文化产业	1. 英语、经贸英语、2. 日语、经贸日语、3. 法语、4. 装设计与工艺、5. 广告、6. 音乐表演与传播、7. 电脑美术设计、8. 装潢设计、装潢广告设计、9. 环境艺术设计、10. 广告策划与制作

1994—2003 年，学校针对高职专业人才培养目标，共建成反映高等职业教育特色的校级精品课程 36 门，其中包括市级（含）以上精品课程 16 门:《Web 技术应用基础》《应用数学与计算》《公共关系概论》3 门高职课程被评为国家级精品课程;《通信技术概论》《可编程序控制器》《项目管理》《中式面点工艺》等 13 门课程

被评为北京市级精品课程。同时，发动教师编写高职教材，主编并出版的教材 58 种。其中，获教育部向全国推荐教材 3 种，获市教委向北京地区推荐教材 14 种。

（四）大力加强实训基地建设 ❶

（五）"双证书"人才培养模式

"双证书"是高等职业教育的重要特征。高职专业的学生毕业时，成绩合格，学校颁发专业毕业证书；另外，为提升学生就业竞争力，学校还帮助学生在毕业前考取相关行业的职业资格（技能）证书。教师在日常教学中注意加强对相关内容的指导；考前作辅导，还与相关机构取得联系，以便利学生顺利通过。

2001 年 4 月，经授权，北京联大获得国家劳动部计算机信息高技术智能化考试，国家教育部全国计算机等级考试，国家教育部全国计算机应用技术 NIT 考试，国家教育部全国公共英语等级考试，美国微软全球 MCSE 系统认证工程师、数据库管理认证考试，美国 Autodak 公司 Auto CAD2000 等级考试，美国 Discreet 公司 3DSMAX 认证工程师，美国 Macromedia 公司网页设计工程师，美国 adobe 公司平面广告设计师等考试项目的认证权。

1994—2003 年，学校共获得 30 余种职业证书的授权资格。

（六）开展高等职业教育研究

学校重视高职教育研究，在 1993 年举办第一个高职试点班的同时，就启动了高职教育的研究工作，成立了"高等职业教育研究"课题组，采取边实践边研究的方式，对高职教育领域的一些重大问题进行研究。1995 年 6 月，北京联大在对上海、江苏等地的高等职业技术教育进行了考察，并总结北京地区高等职业教育实践的基础上，撰写出《高等职业教育研究报告》；1997 年，该报告获中国

---

❶ 见本章标题五（二）加强教学设施、教辅机构及设备建设。

高教学会第四届优秀教育科研成果一等奖。同年，北京联大组团赴台湾考察高职教育。

校高职所组织的北京市哲学社会科学"九五"规划课题《面向21世纪北京高等职业教育发展战略研究》一书，2001年由北京大学出版社出版。该书实际是一本论文集，❶收录20世纪90年代后期，北京地区高等职业教育（以下简称"高职"）的专家们对世纪之交北京高等职业教育的预测性研究成果。该课题研究报告用大量的数据和资料，勾勒出世纪之交北京地区高等职业教育发展的宏观环境、现实基础和面临的挑战；提出发展高职教育的战略指导思想是落实首都城市功能和首都经济发展战略服务，以终身教育为理念，构建现代高职教育，根据首都人才开发和教育产业要求建设现代化高职教育体系，紧密依靠行业企业走产学研合作式发展道路。最后，提出实现首都高职教育发展战略的对策：（1）坚持结构升级、布局合理，加速各类教育"立交桥"的建设。（2）强化为首都经济及城市特殊功能全方位服务意识。（3）改革管理制度，按终身教育、大职业教育思想创新人才培养模式。（4）发展社区性教育园区，兴办教育产业，扩展人力资本，建立实践教学基地，加强对外交流与合作。

2001年12月，孙建京、关仲和等完成的《高职教育实训基地建设的研究与实践》获国家级教学成果奖二等奖。

（七）彰显高职示范校地位

北京联大高职教育从试点以来，发展成效显著，受到国家领导人和教育部的重视，在国内外影响很大。1996年3月1日，国务院副总理李岚清来我校视察。在此前后，国家教委❷领导也曾多次来校视察。国内外高职教育代表团也频频来校参观学习。这一情况

---

❶　该课题组编：《面向21世纪北京高等职业教育发展战略研究》，北京大学出版社2001年版。

❷　20世纪80年代中期—1998年年初，现今的我国教育部曾称"国家教育委员会"，简称"国家教委"。1998年3月，全国人大九届一次会议通过《关于国务院机构改革方案的决定》，将原有国务院部委由40个减为28个；其中，将国家教委改称为"教育部"。

逐渐受到中国高等职业技术教育研究会（以下简称"中国高职研究会"）的重视。

1992年9月，全国职业技术师范专业委员会成立大会在北京联大职业技术师范学院召开；我校职业技术师范学院被选为会长单位。1994年，北京联大成为中国高职研究会的常务理事单位，1996年开始成为副理事长单位。

1995年，国家教委国际教育交流协会成立职业教育对外交流中心，北京联合大学被选为主席单位。根据国家教委副主任王明达的指示，北京联大与上海第二工业大学、深圳高职学院成立协作组，为中国高职发展做贡献。

1997年10月，北京联大成功举办了中国高职研究会年会，来自全国82所院校的110多名代表参加了会议；国家教委副主任张天保、国家教委职教司司长刘来泉、北京市教委主任徐锡安等领导到会并做了重要讲话。1997年12月，北京联大组织了大陆第一个赴台高等职业教育考察团，参观访问了台湾辅仁大学等10所普通高等教育和高等职业学校，受到国家教委、国台办、市台办的高度重视。

1999年10月，由北京联合大学、上海第二工业大学、深圳职业技术学院、台北科技大学主办，北京联大承办的首届"海峡两岸高等职业（技职）教育学术研讨会"召开。此后，每年举办一次，由这4所发起学校轮流承办，经十余年的发展，该研讨会已逐步树立了在海峡两岸高等职技教育界颇具影响力的品牌地位。

1999年12月，在天津召开的全国职业教育师资培训基地建设工作会议上，北京联合大学被教育部确定为首批20个全国职业教育师资培训重点建设基地之一；并获得支持建设经费40万元，学校先后完成了813人次的国家级、市级培训任务。2000年3月7日，北京联大被教育部职成司确定为全国10所重点建设的职教师资培训基地中，开展中等职业学校骨干教师国家级培训的单位之一。

1996—2003年，全国有上百所高职高专院校到北京联合大学交流经验，美国、德国、加拿大、澳大利亚等40多所国外高校教育代表团到北京联合大学考察高等职业教育情况。

七、广泛承担社会服务

承担社会服务职责是高等院校的四大功能之一。北京联合大学依据自身的学科优势、设备条件和师资力量，在市属高校中较早地、主动地承担了社会服务的职责。1997年3月27日，北京联大电子自动化工程学院的专业基础部计算中心被劳动部职业技能鉴定中心批准为全国计算机及信息高技术培训考试站。此后，其他一些学院也获得了类似的培训资质。

20世纪90年代，随着社会转型和北京市产业结构的调整，在纺织等系统出现了一些下岗职工。北京联大积极承担社会责任，为政府分忧，为下岗职工解难，为转岗职工再就业开展计算机使用等方面的技能培训服务。1997年11月，北京联合大学第一批为北京市纺织局提供培训的4所学院是：电子自动化工程学院、机械工程学院、应用文理学院、继续教育学院。开设的培训课程有：计算机操作、电梯司机、家政等。11月14日，北京联大举行计算机操作培训班开学典礼，市委副书记李志坚、市教委主任徐锡安及有关部门领导，校党委书记熊家华、校长李月光出席。著名计算机教育专家谭浩强教授主讲第一课，培训班共培训186名学员。此后，职业技术师范学院、机械工程学院和继续教育学院陆续举办了第二期针对纺织局下岗职工的转岗培训。1998年1月16日，北京联大首期纺织系统转岗培训计算机操作班结业典礼在东城区黄化门（原自动化工程学院的老校址）举行，有23名学员获得北京市教委签发的《北京市转岗培训结业证书》和北京市劳动局印发的《北京市就业转业培训结业证书》。

2000年3月7日，北京联大被教育部职业教育与成人教育司确定为全国10所重点建设职教师资培训基地中，开展中等职业学校骨干教师国家级培训的单位之一。同年 5 月 15 日—8 月 11 日，学校举办了第一期中等职业学校电子技术应用专业骨干教师国家级培训班。来自山东、山西、内蒙古、四川、湖北 5 个省、区的重点职业中学的 33 名骨干教师参加了培训并结业。

2000 年 11 月 30 日，北京联大培训中心获得北京市东城区成人教育局颁发的办学许可证书。国家事业单位登记管理局和北京市机构编制委员会办公室向北京联大颁发了事业单位法人许可证书。该中心可以为成人提供涉及计算机、外语、电子、企业管理、新兴材料学科、高等教育及相关科学研究方面的专业培训和学术交流。

2001 年夏季，北京联大参与承担了在北京举办的第 21 届世界大学生运动会的筹备组织工作。全校 1082 名志愿者承担了包括提供技术支持服务、彩虹志愿者、训练场地和部分安全保卫工作等项任务。受到大运会组委会和北京市的肯定和表彰，并荣获大运会组委会授予的先进集体和市委教育工委授予的组织工作先进单位荣誉称号。同时，北京联大圆满完成了第 21 届世界大学生运动会信息系统保障工作。该工作包括信息系统工程实施、联试联调、运行维护组织领导；承担信息系统开发、工程规范的制定、工程制度控制、系统测试和运行等技术工作把关、协调与管理；还完成了 13 个比赛项目中，体操、艺术体操、足球和水球 4 个项目的现场成绩处理系统。其中，北京联大研制的"水球现场成绩处理系统软件"受到组委会技术部表彰；我校 233 名大学生志愿者参加了此项工作。

八、填补特殊高等教育空白

残疾人是社会的一个特殊的弱势群体，对残疾人的关爱、对残疾人教育的重视，是体现社会进步和文明程度的一个重要标志。北京联大于 2000 年成立了特殊教育学院，率先投身残疾人高等教育事业，取得了较好的社会效益和社会美誉度。

北京联合大学特殊教育学院的前身是北京市第一师范学校。2000年1月,北京市教委批准原北京市第一师范学校划归北京联大,成立北京联合大学特殊教育学院,从而为北京市及全国残疾人提供了接受高等教育的平台,填补了北京市高等特殊教育的空白。

2000年9月25日,北京联合大学特殊教育学院(以下简称"特教学院")成立暨开学典礼隆重举行。北京市教委主任徐锡安和中国残疾人联合会理事长郭建模为学院揭牌。

2001年9月,北京联大特教学院与中国残联合作开办了我国第一个为聋儿康复事业培养技术应用性专门人才的专业——听力语言康复技术专业,填补了我国聋儿语训师学历教育的空白。2003年10月,特教学院成为当时国内唯一一所实施残疾人成人单考单招的院校,开辟了残疾人终身教育的新途径,填补了我国残疾人教育体系中继续教育的空白。同年11月,该院又成为国内唯一一所实施残疾人专升本单考单招的院校。

2011年,特教学院又成为全国残疾人职业教育师资培训基地。2011年11月18日,中国残疾人联合会副主席、党组成员吕世明与北京市教委副主任罗洁共同为基地揭牌。

中国残疾人联合会副主席、党组成员吕世明与北京市教委副主任罗洁共同为基地揭牌

---

❶ 1991年,北京市第一师范学校受北京市教委的委托成立北京市特殊教育培训中心。该中心的资质由后来成立的北京联合大学特殊教育学院承袭。

2014 年，北京联合大学特殊教育学院获批面向盲生的临床医学（针灸推拿学）专业硕士授权学科点，是全国首个面向残疾人招生的硕士点，完善了我国残疾人高等教育体系，填补了残疾人硕士研究生层次教育的空白。

截至 2014 年，特教学院设有信息无障碍辅助技术、特殊教育、临床医学（推拿，盲生）3 个硕士专业，特殊教育、学前教育、视觉传达设计（聋生）、计算机科学与技术（聋生）、针灸推拿学（盲生）、音乐学（盲生）6 个本科专业，听力语言康复技术、视觉传达艺术设计（聋生，含平面设计和动漫设计两个方向）、计算机应用技术（聋生）、园林技术（聋生）4 个高职专业。目前，北京联合大学特殊教育学院是全国特殊教育院校中，专业设置最齐全、招收残疾人大学生数量最多的院校之一。

基于从事特殊教育的缘故，特教学院的老师们对这群特殊的学生，付出了比对健全学生更多的爱心。同时，该院教师普遍非常重视相关的科学研究，许多教师都有很优秀的科研成果和关心残疾学生的佳话。

特教学院生物与医学系园林专业（现已改名为应用技术系园林技术专业）退休教师鲍平秋教授，是全国优秀教师、北京市师德标兵、北京市"孟二冬式的优秀教师"。她针对残疾学生特点因材施教，自己制作各种教具，助力学生理解和掌握，为生活在无声与黑暗中的孩子托起七彩和多维的世界。她强调学生的

鲍平秋教授培育的
月季新品种——特娇

自主性学习，帮助学生建立学习自信心；在残疾学生实践技能培养中渗透意志品质教育；被学生评为"最受学生欢迎的老师"。鲍平秋教授同时还是北京市级（高职）精品课程《园林植物繁育技术》的负责人，她带领师生培育出 4 个月季新品种，先后获得北京市林木良种证书，获得中国国家林业局植物新品种权，并在国际月季协会（美国）完成新品种登录；其中 2 个获得美国国家发明专利。

鲍平秋教授为主培育的 4 个月季新品种——特娇、特俏、多娇、多俏，
在中科院（香山）植物园的月季园也都有栽种

特教学院不仅教授残疾学生文化课程和生存技能，还努力使学生在文艺、体育、科技等方面获得全面发展。学院在 2010 年 5 月 15 日成立了第一个残疾人大学生艺术团，在多个场合与健全人同台竞技，并取得好成绩；学院残疾人大学生表演的"千手观音"舞蹈是该院的保留节目，在社会上有很高的知名度。学院培养的陈燕同学，是全国首位盲人钢琴调律师。在 2008 年北京残奥会圣火采集暨火炬接力启动仪式上担任圣火采集使者的姜馨田，就是特教学院聋人大学生。她代表全国 8300 万残疾人、全世界 6 亿残疾人以优美的姿容引燃了奥运圣火，为母校争得了荣誉；姜馨田还因此当选为"2008 年首都教育界十大新闻人物"。

特教学院还是北京市残疾人运动员的人才库和训练基地。2011 年 12 月 22 日，北京市残疾人体育训练基地在特教学院挂牌。

在 2008 年夏天，北京联大特教学院的 4 名学生作为中国代表团的运动员参加了北京残奥会比赛。他们获得 2 项冠军、1 项亚军，取得 3 块金牌、1 块银牌。其中，谢青获女子 100 米自由泳 S11 级冠军，并且打破

谢青（左）在 2008 年
北京残奥会上

世界纪录；姚永全、杜进冉与中国男子盲人门球队队友一起获得冠军；林珊与中国女子盲人门球队队友一起获得亚军。

在 2012 年伦敦残奥会上，北京联大特教学院学生取得 1 金 1 银的优异成绩：朱鹏凯获得 F12/13 级男子标枪冠军；林珊和队友们共同获得女子盲人门球亚军。

北京联大在特殊教育方面的突出贡献，受到各级领导和主管部门的关注与表彰。目前，我校特教学院是中国高教学会特教分会秘书长单位，和中国教育学会特教分会秘书长单位。2002 年 4 月 23 日，全国人大常委会副委员长许嘉璐到特教学院考察调研。2014 年 3 月 27 日，中国残联主席张海迪等一行 9 人到特殊教育学院调研。张海迪指出，北京联合大学特教学院建设体现了人文关怀，经验值得推广；希望学院要以残疾人为本，注重教育公平，进一步研究和推进残健融合教育，加强特殊教育师资的培养，把学院建设成为中国一流的特殊教育学院。

2014 年 5 月和 9 月，北京联大特教学院分别荣获全国助残先进"残疾人之家"荣誉称号，和"全国教育系统先进集体"称号。该院代表因此两度到人民大会堂参加表彰大会，两次都受到习近平主席的集体接见并合影。

2014 年 3 月 27 日，中国残联主席张海迪在我校特教学院考察，
并与学生亲切交谈

九、蓬勃长青的学校体育事业

北京联大始终高度重视体育。当年分校时期没有体育场，师生们因地制宜上体育课：锻炼身体绕着胡同跑、在弹丸之地建球场、狭小的空间里坚持课间做操……都是大家对分校时期体育教育的回忆。北京邮电学院分院等分校的体育老师甚至还曾背着器材、租用别的高校的场地上体育课。在很艰苦的条件下，各分校的体育课上得保质保量，不仅强健了学生的体魄，还培养了学生们坚忍不拔、拼搏向上、集体协作的精神品质。

（一）体育教学及教学管理

1985 年 6 月，北京联大成立了由各学院领导及校本部有关部门领导组成的体育运动委员会，简称校体委。校体委每两年召开一次体育工作会议，并形成制度。

1986 年 2 月，校体委结合学生走读的特点，组织编写了《北京联合大学体育教学大纲》（以下简称《大纲》）。校体委组织有丰富教学经验的教师，在 1991 年和 1997 年两次对《大纲》进行了修改完善。❶特别是 1997 年的修改，在《大纲》中注重渗透素质教育；为使学生走上工作岗位后，能够掌握 1~2 种自我锻炼身体的方法，《大纲》强调，女生必须学会 1~2 套健美操，男生必须学会 1~2 套武术套路。1990 年，自动化工程学院代表北京参加了京、津、沪三市高校体育教学质量检查，受到专家和领导们的一致好评，并获评北京高校体育教学评估优秀学校。1991 年，自动化工程学院体育教研室负责人代表北京联大参与了国家教委体卫司组织的修改制订《大学生体育合格标准》（以下简称《标准》）工作，并于同年 9 月率先在该院贯彻实施《标准》。全校在 1992 年 9 月新学期开始实施该标准。

---

❶《北京联合大学志（1978—2000）》，第 87~88 页。

2000 年 5 月，经校长办公会研究决定，校体育教研室建制升至体育教学部。

（二）群众性体育活动

校体委要求各学院每年举办一次田径运动会，长期开展"达标"活动。校体委每年组织篮球、足球、排球、乒乓球、游泳、健美操、跳绳、拔河、越野等多种项目的竞赛。从 1998 年起，学校将象征性长跑、课外体育锻炼和小型竞赛活动相结合，收到较好效果。

2001 年 3 月开始，学校利用在廊坊分校集中办学、一年级学生从传统的走读为主变为集体住宿的便利条件，在 8 个学院的一年级学生中，开展了早锻炼活动，并提出了"一早带五早"的要求。❶2003 年，学校先后成立了网球协会、篮球协会、登山协会、乒乓球协会、足球协会等组织（协会），全校教职工依靠协会平台，经常开展健身活动。

学校自 1985 年成立以来，坚持每两年举办一次全校性的田径运动会，由各学院轮流承办。1986 年 10 月 25 日，北京联大首届田径运动会在北京工人体育场举行，15 所学院和 7 所郊区分校❷的 700 多名运动员参加了 29 个项目的角逐。首届运动会由机械工程学院承办。1988 年 10 月 22 日，学校第二届田径运动会在石景山古城体育场举行，全校 13 所学院的 300 多名运动员参加了 28 个项目的角逐。本届运动会由外语师范学院承办。❸

---

❶ 即以出早操为龙头，带动早睡、早起、早锻炼、吃早饭和早自习的活动。

❷ 1985 年 2 月，北京联大成立。同年 3 月 6 日，北京市政府发布《关于建立北京联合大学的通知》，其中指示：北京职业大学经济管理学院、北京职业大学机电学院，以及 10 所大学郊区分院一并纳入北京联大统一协调管理。这 10 所大学郊区分院分别是：北京财贸学院门头沟分院、北京经济学院密云分院、北京钢铁学院延庆分院、北京师范学院顺义分院、北京工业学院房山分院、北方交通大学昌平分校、北京建筑工程学院怀柔分院、北京工业大学通县分院、北京邮电学院平谷分院、北京轻工业学院大兴分院。之后，1985 年 9 月成立的北京农业大学昌平分校，在管理体制上也划归北京联大。1988 年 3 月 23 日，北京市政府决定由市高教局设立专门机构，领导和管理 11 所郊区大学分校。这 11 所大学郊区分校就此从北京联合大学分离出夫。

❸ 《北京联合大学志（1978—2000）》，第 202~205 页。

其后至今，北京联大曾先后在先农坛体育场、亚运村、北京工人体育场、奥体中心体育场举办历届全校田径运动会。2014年5月10日，学校"学以致用 圆梦联大"第十四届运动会在国家奥林匹克体育中心举行，来自全校各学院、各单位的22000余名师生参加了此次运动会。

这里，还应专门提到我校的田径运动场。1993年1月，北京市高教局发布京高教计〔1993〕009号文件指示，首都师范大学将原北京师范学院分院朝阳区小营建设用地共97亩，移交给北京联合大学。借此，学校开始新校址建设。在校园总体规划上，时任李煌果校长在建设用地相当紧张的情况下，多次坚持要修建一个有400米标准跑道的田径场❶。建设这块田径场时，学校聘请了国家体委训练局的同志作顾问，严格按照国际田联的标准进行设计和施工；最后由国家测绘总院进行验收，田径场符合国际田联的标准。田径场的建立，为师生创造了一个良好的体育锻炼环境，也改善了校园形象。这块标准的田径场，后来在2001年世界大学生运动会时，用作运动员的训练场地；在2008年北京奥运会时，成为奥运会足球裁判的训练场地。

（三）体育运动竞赛

1987年，经北京市人民政府批准，北京联大被列为北京市8所可允许招收高水平运动员的试点院校之一。同年年底，校体委制订了相应的运动员、教练员奖励办法等相关文件❷。1997年，市教委将乒乓球和健美操定为联大的重点项目。2002年10月，北京联大学生李思莹在成都参加了由中国大学生体协健美操艺术体操分会举办的第十届全国大学生健美操、艺术体操锦标赛暨第二届中国大学生啦啦队大赛，荣获竞技健美操甲组女子单人操第一名❸。2006

---

❶ 《李煌果文选》，第231~232页。

❷ 《北京联合大学志（1978—2000）》，第90页。

❸ 徐永利、张楠主编：《北京联合大学志（2001—2010）·学校篇》《北京联大体育部2001—2010年大事记》，北京大学出版社2014年版，第216页。

年 12 月 18—22 日，学校组队参加在深圳举行的 2006 年全国健美操锦标赛，取得 3 个冠军和 1 个亚军。学校健美操队还获得本次大赛"最佳表演奖"荣誉称号；北京联大也被中国健美操协会授予"特殊贡献项奖"。2008 年 11 月 1 日，在由北京市大学生体育协会主办的 2008 年北京大学生第五届越野登山赛中，北京联大获得乙组第一名。

2009 年年初，北京联大师范学院教师唐红斌创编的六人健美操项目，被国家体育总局授予 2009—2012 周期国家健美操国家级健将等级规定动作。该学院有 6 名学生获得技术示范资格❶。

2010 年 12 月 26—28 日，由教育部主办的第五届中国学生健康活力大赛暨 2011 年世界啦啦操队锦标赛中国选拔赛在广州举行。本赛事共设 7 个项目，共产生 7 项冠军，北京联大获得 6 金 1 银 2 铜的好成绩。在教育部举办的全国健美操比赛历史上，空前地出现了由一支参赛队摘得全部 7 个比赛项目中的 6 项冠军的盛况。

2009 年，北京联大成立"北京·国家青少年健康操培训中心"。

十、对国际化办学的探索与开创

（一）以往国际交流合作简况

北京联大的外事交流合作，可分为两个阶段。自 1985 年学校成立到 1992 年，校部未设外事机构，也没有以北京联合大学的名义对外交流合作的项目。对外交流合作项目主要以学院进行，主要集中在外语师范学院、旅游学院和经济管理学院。有时学校领导参加这些学院的一些外事活动。

1992 年以后，学校对外交流合作逐步开展起来，并参加市高教局、国家教委组织的一些外事活动，接待一些国（境）外来访代表团，组织团组出访，陆续建立校际关系。直到 1996 年后，学校

---

❶ 北京联合大学校地办公室编：《联大信息》2009 年第 7 期。

开始招收来华留学生，并以学校的名义申请到聘请外国专家的资格。

1999年1月，学校召开第一次外事工作会议，总结了学校自成立以来的外事工作，并提出开展外事工作的意见。

北京联合大学早在20世纪90年代中后期就开始了国际化办学的探索，并取得很好的成效。旅游学院1993—2000年，先后与美国罗斯福大学酒店管理学院、美国休斯敦大学希尔顿酒店管理学院、美国普渡大学餐旅专科学院、日本新潟大学、芬兰哈嘎集团迈尔密商业学院、加拿大魁北克旅游学院、瑞士里诺士酒店管理学院、香港理工大学、德国酒业研究中心、比利时阿尔居尔·沃罗旅游学院，以及台湾省美国餐旅管理学院建立了校际交流关系，相互派交流学者、派教师讲学、提供师资培训、合作进行旅游科研项目研究。1995年，旅游学院与法国巴黎克里西旅游学院建立了长期互派实习生的交流关系。

1995—2000年，应用文理学院先后同美国、加拿大、澳大利亚、法国、英国、韩国、日本、新西兰等国的高等院校开展了校际间的友好往来。1997年2月，应用文理学院与美国肯塔基州墨尔黑德州立大学正式签署了《关于建立两校互派师生相互学习、交流与共同创建工商管理硕士班协议书》，之后又与美国加州FRESNO分校、韩国瑞江大学、韩国翰林大学、美国夏威夷州立大学、新西兰怀卡托大学签订了合作协议。

1996年，职业技术师范学院❶与美国伊利社区学院建立了校际联系。

从20世纪80年代中后期起，北京联大机械工程学院、化学工程学院、中医药学院、信息学院等许多学院❷都有与国外高校进行教师交流、建立校际关系的事例。

---

❶ 1985年3月，北京师范大学分校更名为北京联合大学职业技术师范学院；2003年2月，该学院更名为北京联合大学师范学院。

❷ 以上内容参阅《北京联合大学志（1978—2000）》第588、330、471、777、1032、1160、665页。

北京联大商务学院 20 世纪 90 年代中期以来开展的中外合作办学，给全校相关工作提供了借鉴。

（二）商务学院对国际化办学的探索与开创

现今我校商务学院的前身，是 1978 年 12 月成立的北京工学院第一分院。1982 年 12 月更名为北京工业学院分院。1985 年 3 月更名为北京联合大学纺织工程学院。20 世纪 90 年代，随着产业结构的调整，纺织类专业办学越来越困难。1996 年学院党委根据市场需求，果断决定对纺织类专业进行彻底的、大规模的改革。1997 年 12 月，北京市批准北京联合大学纺织工程学院更名为北京联合大学商务学院；1998 年 3 月 13 日，举行商务学院揭牌仪式。

1998 年学院领导相继出访考察瑞典、芬兰和加拿大等国的部分商学院，洽谈并签署了合作交流细则。2000 年 3 月，院主要领导率团访问英国佩斯利大学，签订合作办学意向协议。5 月，对方回访，与商务学院签订合作办学细则，并对 30 余名学生进行雅思考试和面试，正式录取了 18 名留学生。2000 年 8 月，这 18 名学生在 1 名老师带领下赴英国留学。此事标志着联大商务学院国际合作办学取得突破性进展。2001 年、2002 年，该院相继派出 32 名和 42 名学生赴佩斯利、诺森比亚等大学留学。此后，商务学院的国际往来不断扩大，与国外境外合作的院校日益增多。

2001 年 8 月北京市教委批准建立北京联大商务学院与英国佩斯利大学（后更名为西苏格兰大学）合作的中外办学机构——北京联合大学商务学院国际培训中心。2002 年该中心第一次面向全国招生。商务学院成为当时全国为数不多的具有中外合作办学资格的高等院校。

北京联大商务学院的国际合作办学取得了较全面的成效：

（1）拓宽了地方院校人才成长的途径。截至 2010 年 3 月，该院 10 年来参加国际合作项目的计划内学生 308 名，85% 以上继续攻读硕士学位，其中已经取得博士学位者 1 人，在读博士 3 人；计划外学生（国际培训中心）215 人，[1] 学生回国后的就业质量明显提升。

（2）加快了师资队伍建设的步伐。2000 年 8 月—2010 年 3 月，学院共派出 36 名教师干部作为学生的带队教师赴英国西苏格兰大学进修或攻读学位，另有近 22 人次教师分别赴美国、加拿大、马来西亚、澳大利亚等国家和境外香港理工大学、香港教育学院进修或做访问学者，取得国外（境外）硕士学位者 11 人，其中获得博士学位者 1 人。

（3）促进了教育教学改革，并带动了商务学院在考试方式和考试内容、学籍管理制度、后勤、基建投资渠道、安全保卫方式、机关办公方式、干部任用制度等多方面的改革，呈现出学校机关集约化、师资队伍年轻化、后勤保障社会化的"三化"局面，学院整体工作上了一个新的台阶。学院根据国际化办学的要求，推进全英语教学，要求相关教师做到"两个能够"，[2] 即能够用双语教学、能够用国外互动式的教学方法上课，进一步促进了中青年教师的成长。同一时期，在前述变革的感染和推动下，学院的大学英语四级、六级通过率也达到并保持较高水平，大学英语四级首次通过率由 1997 年的 6.92% 上升为 2002 年的非艺术类本科 46.6%。[3]

（4）扩大了学院的社会影响，提高了第一、二志愿考生的报考率，提高了生源质量。学院在校生规模，由 1997 年的 888 人增加到 2002 年的 3329 人；其中统招生由 726 人增加到 1696 人。2002 年，商务学院新生本科一、二志愿率 100%，专科一志愿率 100%；毕业生一次就业率 94.6%。同年，该院学生在参加全国各种比赛中获得两项冠军和 1 项第一，1 名学生通过论文竞争选拔的方式，作为全国十名之一、北京唯一的大学生代表参加了在瑞士召开的经济管理论坛国际会议。更有大批学生在社会实践、志愿者服务和 CBD 商

---

[1] "商务学院国际合作办学情况汇报"（2010 年 3 月 11 日）。

[2] 《光明日报》2004 年 4 月 8 日；北京联合大学党委宣传部《媒体档案——北京联合大学 1978—2004》，第 256~257 页。

[3] 张秀国"推进教育创新，为我院加快实现办学国际化而努力奋斗"——在 2002 年中共北京联合大学商务学院党员大会上的报告。

务活动中展现他们良好的素质而受到社会赞誉。

　　经过 20 世纪 90 年代后期—21 世纪初几年的国际化办学探索性实践，商务学院逐步确立了国际化办学的思路，围绕办学国际化而发生的现代化改革带动了学院全方位的发展，学院走出了一条跨越式发展之路。2002 年学院党委制定出《关于加快我院国际化办学的决定》，明确学院的办学宗旨是办"国际化的精品大学"。截至 2004 年年初，学院已开辟出包括"3+1"模式❶在内的 6 条针对国内在校大学生的出国留学直通车。

　　2000 年北京联大商务学院在市属高校中率先❷以"3+1"模式开展的中外合作办学，拉开了全校国际化办学的序幕。

　　❶ 北京联大商务学院最早与英国佩斯利大学"嫁接"的国际化合作办学模式，其主要特点是，本科生在国内完成 3 年学业后，可直接进入英国佩斯利大学学习；在佩大完成第 4 学年学业后，商务学院和佩大将分别授予这些学生中、英两国的学士学位；愿继续深造的，可直接报考佩大的研究生班，毕业后可获得佩大颁发的《研究生学历证书》，通过答辩的，可获得佩大授予的硕士学位。

　　❷《北京联合大学志（2001—2010）·学院篇》，第 325 页。

第四章

建设高水平有特色的应用型大学（2003 年—）

　　在长期的办学实践中，北京联大坚持以北京经济社会发展需要为动力，积极探索面向北京、培养应用型人才的办学道路。经历了教育部本科教学工作水平评估的准备、接受评估、随后的整改过程，学校进一步提出了建设应用型大学的办学目标，在人才培养、学科专业建设、科学研究、社会服务等方面取得显著成绩，并进一步凝练、形成了应用型大学理论体系。

　　截至 2015 年 10 月，北京联大拥有 12 个校区，占地 900 余亩，校舍面积约 40 万平方米；设有 14 个二级学院（含 6 个副局级学院），学科覆盖了经、管、文、法、理、工、史、教、医、艺 10 个学科门类。

现今北京联合大学各校区在北京的分布

一、确立应用型大学的办学宗旨

（一）建设应用型大学理论基本形成

北京联大自建校以来，一直致力于"应用"办学的探索，旨在为学生打造"有用之学，能用之学"的学习体系。

早在大学分校初创之际，创办者们就赋予它以独特的应用型办学定位的深刻思考。时任中共北京市委教育工作部副部长（北京联合大学首任校长）的谭元堃同志就指出："各个分校要为北京市培养各方面的应用型人才。"[1]"专业设置，要尽可能发展短缺专业（如旅游、经济、师范、法律、档案、图书、轻工、纺织等），加强应用专业和管理专业（如应用文科、应用理科、企业管理、计算机管理等）。"[2] 1985 年起草的《北京联合大学规划纲要》中提出，北京联大要坚持多层次办学、实行多种形式办学，根据不同专业对人才层次的不同要求，根据社会的需求和自身的实际条件，积极发展。

1994 年 1 月，中共北京联合大学第一次代表大会召开。大会提出了"立足首都，面向城乡企业，面向基层，面向生产第一线，培养德、智、体全面发展的适应首都经济建设和社会发展需要的应用型本科人才和高等职业技术人才，力争把我校办成具有自己特色的较高水平的综合性地方大学"的目标。

经过 30 余年全体联大人的不断思考与探索，学校确定了"发展应用型教育，培养应用型人才，建设应用型大学"的办学宗旨。2005 年 7 月，学校将办学定位的文字表述修订为："面向大众，服务首都；应用为本，争创一流"；同年以第一号校长令的形式颁布的校训为"学以致用"。2004—2008 年，学校持续开展了一系列有关应用型大学建设理论的研讨。2012 年，北京联大第四次党代会

---

❶ 葛明德：《一次探索应用理科专业方向的实践》，见北京联合大学应用文理学院《食品科学论文集 1998 年》，第 24 页。

❷《谭元堃文集》，第 63~64 页。

确定了建设高水平有特色应用型大学的目标，以"应用"为核心的应用型大学建设的理论体系逐步形成。

（二）学院调整

2003 年，北京联合大学国际语言文化学院，由原先民办挂靠在北京联合大学的办学体制改变为公办体制下的北京联合大学直属学院。

2003 年 2 月，学校根据北京市机构编制委员会的批复，将"职业技术师范学院"更名为"师范学院"，主要为北京中等职业教育培养师资，同时加大对生产、服务、管理、建设等一线的各级各类应用型人才的培养。

2003 年 11 月，北京联大成人教育部并入北京联大继续教育学院，自此，继续教育学院拥有两个校区，分别位于西城区西单北大街丰盛胡同 13 号院和鼓楼大街前海南沿 50 号院。

2003 年 12 月，学校与中国网络通信有限公司、禾光永业科技有限责任公司合作，建立北京联合大学网通软件职业技术学院。2008 年合作关系解除；网通软件职业技术学院整建制与学校的国际语言文化学院合并，成立北京联合大学应用科技学院。

2004 年 1 月，原先由北京联合大学与东方大学城开发有限公司合作建立的北京联合大学东方大学城信息技术学院，正式列入学校直属学院序列，其管理体制仍为董事会领导下的院长负责制。

2004 年 5 月，经北京市教委批准，北京联合大学应用技术学院（平谷）更名为北京联合大学平谷学院。学院由北京联大和平谷区双方共有，是不具有法人资格的校属二级学院；该学院已于 2011 年撤销。

2005 年 4 月，经市教委批准，北京联大"国际交流培训中心"更名为"国际交流学院"；同年 5 月，国际交流学院正式成立，负责校本部外国留学生的招生、管理及教学质量监督、交流交换项目的实施等。

2007 年 3 月，为了深入贯彻和落实办学宗旨，进一步优化高等职业教育专业结构和布局，整合高等职业教育资源，学校决定成立应用科技学院。2008 年 4 月，应用科技学院正式挂牌成立。应用科技学院的专业建设整合了原网通软件职业技术学院、国际语言文化学院，以及信息学院、管理学院和东方信息技术学院的高职专业。

2008 年 10 月，北京市教委批复，同意北京市化工学校、北京市医药器械学校两所中专校并入北京联合大学。

2009 年 7 月，学校撤销了廊坊分校。廊坊分校建立于 1999 年 8 月，主要为学校解决因生源不断扩大、教学行政用房相对紧张的问题，把大部分学院的一年级学生集中到廊坊分校上课（待其二年级时返回学院）。

2010 年 12 月，特殊教育学院被撤销法人资质、并入校本部，以学校处级非法人学院体制运行。

经过一系列的调整改革，学校的资源进一步整合。2012 年年底召开的学校第四次党代会上确定了建设高水平有特色应用型大学的目标，确立了"学术立校、人才强校、开放兴校"的发展战略。

（三）办学条件进一步优化

2003 年以来，学校教育事业收入稳步增长。在校园的整体建设上，学校认真贯彻"就地整合、就地发展"的方针，逐步整合全校资源，强化学校的行政管理力度，不断改善多校区分散办学的条件，在基础设施建设、图书馆建设、校园信息化建设、实验室建设、教学管理技术水平等各相关方面取得长足进步。学校还优化建设北四环校区，提出了"千亩校园，百亩校区"的发展愿景，致力为学生打造更为舒适的学习环境。

2003 年以来的 10 余年间，学校加快了基础设施建设的步伐，陆续完成了北四环校区综合楼、旅游学院综合楼实训楼、北四环校区体育中心综合楼、应用文理学院学生宿舍楼、应用文理学院第二教学楼的建设，以及特教学院、北四环校区校舍的改扩建工程；累计新增建筑面积 10 万多平方米，生均新增 3 平方米；2015 年秋竣工的工程有旅游学院综合实训楼二期、北四环校区的新图书馆和文化广场等。在此期间，还完成了全校主体建筑的抗震加固工作。

为了适应多校区、人员分散的情况，学校图书馆在设置组成上也呈现相应的分布。除校本部图书馆外，还包括应用文理学院图书馆、师范学院图书馆、商务学院图书馆、生物化学工程学院图书馆。2014 年年初，全校图书馆的纸质文献资源为 238.3 万册、电子图书 10000GB、有 56 个数据库，为全校 3 万余名师生提供了优质的信息服务。

2003 年以来，学校在网络基础设施、信息系统建设、数据资源中心建设、信息安全建设等方面都取得了丰硕成果。2003 年，信息网络中心提出"数据资源中心建设计划"；2005 年，学校将其列入"十五"发展规划当中，并开始着手建设。2006 年，建成学校数据中心，统一了学校编码；同年，还扩建了全校视频会议系统，能够支持召开全校近 3000 人实时交互远程视频会议。2006 年年初，完成"一主十一辅"❶城域级覆盖 16 所学院、共计 12 个校区的校园网万兆升级改造。2008—2010 年，继续校园网的升级改造。2013 年，完成服务器核心交换机升级改造，提升至万兆交换能力；增加了校园之间的互联能力，基本解决了校园间网络近年来存在的带宽瓶颈、网络拥堵问题。截至 2014 年，建成总面积 1000 余平方米的学校核心机房并投入使用，实现校本部和学院路等 8 个分校区的万兆互联。2014 年年初，全校数字资源的储备容量达 300T，全校网络学堂活跃课程达到 3000 余门，网络教学用户数近 30000；数据资源的储备容量达 300T，各类数字资源总量达 200T 以上。

---

❶ "一主"是指小营校本部；"十一辅"是指应用文理学院、商务学院、师范学院、生化学院、广告学院、特教学院、机电学院、旅游学院、昌平校区、平谷校区、廊坊分校。

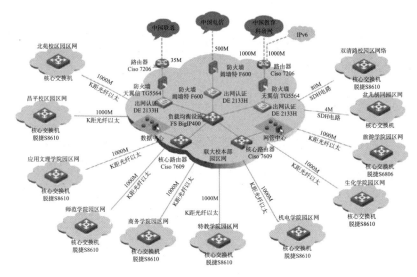

北京联大 2014 年的校园网络拓扑

2002 年，全校共有实验室 100 个。此后，学校不断加大投入建设的力度。仅 2006 年，学校全年投入实验室建设经费达 1500多万元，全校实验室面积达到 36 000 多平方米，实验设备达到 30 700 余台。到 2010 年，全校实验室增至 196 个；建设校外人才培养基地近 50 个，为学生实习实践提供了多样化的平台。在北京市的支持下，学校在 2011—2013 年累计投入专项资金 4000 余万元；在这 3 年中，全校申报北京市及中央地方共建实验室建设专项 21 项，全校有 550 余间多媒体教室实现网络化。

截至 2014 年 3 月，全校教学仪器设备投入增至 5.28 亿元；教学条件明显改善，为学生实习实践提供了多样化的平台。随着全校优质课程共享资源不断增加，课程教材建设成效凸显，教学改革成果取得新突破。学校整体加盟学院路地区高校教学共同体，建设优质共享数字网络课程资源，使全校乃至整个学院路的学生受益。

2003 年以来，学校投入人力物力推进教学管理信息化建设。到 2005 年，已成功实现教务管理系统中计算机排课、查询课表和毕业资审等功能，并在全校范围内开始推广计算机辅助教务管理系统；还开展了教师远端成绩录入测试与试用工作。2008 年，全校首次统一招生代码，在 2008 级学生招生录取工作和迎新系统中开始启用。之后，又搭建融教务系统、网络学堂、远程直播系统、家长促学系统等多系统跨平台的教学与管理平台，使全校的教学管理技术水平上了一个新的台阶。2012 年，学校启动了移动管理 MURP 口袋大学的建设，引进超星尔雅通识教育网络课程，开设通识教育选修远程视频课程，实现学生网络学习；同年，还建立了校长（上课）巡查系统和北京联合大学校外实习管理系统试点工作，改善了管理手段，保证了对高职校外实习的质量监控。

2011 年初冬，北京联大承办京、港、澳、台地区大学生计算机应用大赛，在竞赛的组织管理模式和技术支撑方面大力创新，首次研发应用了大赛的云平台技术服务系统，竞赛作品提交和专家评审都通过基于网络的远端操作完成，99 个参赛作品部署在云端。云平台的运用实现了跨区域网络评审，提高了效率，节约了成本。大赛在社会上产生较大反响。

辛勤的汗水和显著的工作成绩，换来了广泛认可和赞誉。2003 年以来，北京联合大学获得"北京市数字校园示范校建设单位""北京市教育信息化工作建设先进单位""高校信息与网络安全保卫工作单位"等多项荣誉。

（四）教师执教能力提升

学校坚持"党管人才"的原则，持续实施了人才引智、人才提升、人才培养和团队扶持的人才强教计划，采取不断深化人事制度改革等各项具体措施，积极引进职称高、学历层次高的人才，使全校师资队伍的整体结构得到很大改善，教师的执教能力得到很大提升。

自 2001 年开始，学校为贯彻北京市《教师资格条例》的相关要求，逐步确立了教师资格制度，实行教师聘任制度。到 2014 年 3 月，学校有在编教职工 3215 人，其中专任教师 1591 人。

1. 制度建设

2003 年 5 月，北京联合大学根据《中华人民共和国教师法》

有关规定和教育部《普通高等学校本科教学工作水平评估方案》，制定了《北京联合大学主讲教师任职资格的规定》。同年7月，学校出台了《北京联合大学教师教学工作条例》，明确了教师的工作职责和教学工作的基本要求；出台新进入教师的导师制度。2004年9月，学校出台《北京联合大学校本部教师教学质量测评方案》，改变了传统的行政管理模式，为提高教师的教学能力奠定了基础，完善了教师的职业素质结构，有利于教学质量的预测与控制。同年12月，学校出台《北京联合大学中青年骨干教师资助计划实施办法（试行）》，为加强学校教师队伍梯队建设，学科专业带头人队伍建设奠定了基础。2008年6月，学校还出台《北京联合大学双师素质教师队伍管理办法》。

2011年，根据北京市的统一部署，学校实施"人才引智、人才提升、人才培养和团队扶持"四项人才强教计划，不断深化人事制度改革，提高师资队伍建设水平。2011年，学校以提高教学效果为重点，出台《北京联合大学教学优秀奖评选办法》，每学年评选一批教学效果突出、教书育人的教师。2013年11月，学校制定实施了《关于加强中青年教师培养和资助工作的意见》，进一步落实对中青年教师的培养资助政策。

2. 教师培养

经过持续不断的高投入建设，学校教师队伍的学位、职称、年龄结构均得到明显改善，专任教师中具有博士学位的教师比例不断提高。到2006年，全校正高级技术职务和博士数量均已超过百名，师资队伍素质明显提升。到2015年年底，全校教师中具有硕士或博士学位的人员比例达91.2%，具有博士学位的教师占教师总数的32.8%❶。截至2012年年底，全校45岁以下中青年教师的比例达到70.8%。因此，青年教师的发展受到学校的高度重视。

2008年，学校成立北京联合大学教师培训学校，为教师特别是青年教师的可持续发展搭建平台。学校通过对新进校青年教师实

❶《北京联合大学人力资源报告（2015）》，第5页。

行导师制、对中青年教师实行资助计划，人才引进计划，选派骨干教师赴国内外高校访问研修，成立教师发展中心等措施，为各个层面的教师提供学习进修的平台，提升教师队伍的整体水平，努力打造一支适应时代发展要求的高层次、高素质、结构优良、充满生机、富于创新精神的教师队伍。

学校以教师执教能力的提升为目标，以中青年教师执教能力比赛、教学优秀奖评选、组织优秀教案评比等为手段，加强教师队伍建设。2011年，学校举办首届中青年教师（年龄在45岁以下）执教能力比赛；此后形成惯例，每学年举办一次。2011年10月，学校又启动第一届教学优秀奖的评选（没有年龄限制），每学年举办一次（当年初冬启动，次年初夏举办决赛）；从第三届之后，改为隔年举办。

学校还通过与名校开展全面合作与交流的形式，为广大中青年教师增加进修机会。2011年，北京联大分别与北京科技大学、对外经贸大学签订本科教学、科研等全面合作的战略协议；学校中青年教师数百人次到北京科技大学观摩优秀教师的课堂教学；还聘请该校优秀教师为我校青年教师的指导教师。2011年以来，学校还充分利用校外名师讲学计划的专项经费，聘请百余位外校名师以及企业优秀人才来校讲学。2012年，学校成立了"教师发展中心"，组织开展"如何上好第一堂课"培训、新教师入职培训、中青年教师执教能力提升系列讲座活动。

此外，由学校工会牵头，配合北京市教育工会系统的相关工作，举办北京联合大学青年教师教学基本功大赛（隔年举办一次），截至2015年5月，已举办了7届。

学校还通过与教育部全国师资网络培训中心共建"学校发展在线"、举办"新教师研习营"、实行青年教师导师制、支持青年教师在职攻读博士学位、有计划地选派骨干教师访学研修等多种方式和措施，千方百计加强教师，特别是中青年教师教学能力的建设，取得了明显成效。

截至2014年3月，学校有国家级优秀教学团队（烹饪工艺与营养专业实践课程教学团队）1个和全国优秀教师（在职）1人，北京市创新团队 23 个、教学团队 8 个；北京市级特聘教授 6 人、长城学者 6 人、高层次人才 3 人、拔尖创新人才 13 人、青年拔尖人才 36 人、青年英才 38 人、教学名师 10 人。到 2015 年年底，学校有 7 位特聘教授，其中有中国工程院院士 1 人、教育部"长江学者" 1 人、国家杰出青年基金获得者 2 人；学校有双聘院士 2 人，分别是中国工程院院士李德毅和中国科学院院士周成虎。

二、培养高素质应用型人才

今日的北京联大汇聚了更多杰出的人才和优质的资源，形成了以本科教育为主，研究生教育、高职教育和继续教育协调发展的完备的人才培养体系。北京联合大学秉承延安精神，倡导办学为民、应用为本。截至 2014 年 3 月，学校有全日制在校生 26 652 人，其中硕士生 168 人，本科生 20 872 人，专科生 5612 人，各级各类成人教育学生 4000 多人。

2003 年 1 月，经学校党委会研究决定，正式启动迎接国家教育部"普通高等学校本科教学工作水平评估"和"高职高专院校人才培养工作水平评估"。以此工作为契机，全校合力，规范全校教学管理文件，整合学科专业布局，于 2006 年 10 月顺利通过本科评估工作。历时 4 年的整改，使学校整体工作迈上了一个新台阶。

在 2006 年 10 月举行的北京联大本科评估大会上，时任校长张妙弟热泪盈眶地说："美国黑人民权运动领袖马丁·路德·金有《我有一个梦》，我也有一个梦想。这也是联大全体师生员工共同的梦想。几代北京联合大学 4 万多名师生员工，十余万名校友，28 年探索，28 年奋争，28 年的酸甜苦辣，28 年对社会的感恩。北京联合大学 28 年的梦正在继续。这个梦就是：北京联合大学应该有更集中、更完整、更宽广的校园，应该有更鲜明、更深刻、更突出的应用性特色，应该有更和谐、更合理、更顺畅的体制和机制，应该为北京人民、为首都发展做出更多更大、更好的贡献。深切感谢各位专家指导、帮助我们实现这一光荣与梦想。让我们在发展我国高等教育的崇高事业里，永远同心、同志、同行。"

2007 年，在巩固评建成果的基础上，学校实施"教学质量与教学改革工程"。2010 年，北京联合大学召开为期一个月，主题为"凝聚改革发展共识，提升教育教学品质"的全校教育教学工作会议。大会理清了学校的发展思路，提出"实施教学品质提升计划，切实提高人才培养质量"的战略目标；大会出台《北京联合大学关于实施教学品质提升计划的意见》等文件，以保证全面落实"分类指导，分层培养，因材施教，突出特色"的人才培养理念。通过三年的改革与建设，学校在专业布局结构调整、人才培养模式创新、课程体系优化建设、分类资源建设、教师执教能力提升，以及学生实践创新能力提高等方面都取得明显成效。

2013 年全校教育教学工作会议进一步强化了人才培养的中心地位，切实提高公共基础课的教学质量，创新教学过程管理，进一步深化实践教学改革，为实现学校"十二五"规划奠定了坚实的基础。

（一）优化学科专业结构

2003—2013 年，学校新增本科专业 17 个，调整专业 26 个；本科可招生专业达 66 个，高职招生专业从 71 个调整为 46 个；同时，加强专业内涵建设，对 73 个（含同名专业）布点本科专业进行合格评估。专业建设取得明显成效：获批机械工程及自动化、通信工程、旅游管理、资源环境与城乡规划管理、金融学 5 个国家级本科特色专业；以及 7 个市级特色专业，3 个市级综合改革试点专业（见表 4-1）。

表 4-1 北京联大国家级（本科）特色专业一览表

序号	名称	所在学院
1	机械工程及自动化	机电学院
2	通信工程	信息学院
3	旅游管理	旅游学院
4	资源环境与城乡规划管理	应用文理学院
5	金融学	管理学院

2007 年 8 月,在中共北京联大第三届委员会第 10 次全体委员(扩大)会上,时任校长柳贡慧指出:"最近北京市政府提出要在北京大力发展生产服务型行业。据统计,北京的经济贡献有 72% 是来自第三产业,也就是现代服务业。那么我们的培养计划、专业设置、课程体系安排上,就要以此为导向,以学校的优势学科为基础,不断动态调整我们的专业结构、合理设置我们的课程,集中优质资源强化我们的办学特点,使我们的办学更适应首都的政治、经济、文化发展的需求,以提升我们的办学效益。"

这一时期,学校的学科建设也取得了长足进步。到 2013 年年底,拥有经济法学、计算机应用技术、食品科学、特殊教育学、人文地理学、旅游管理学 6 个市级重点建设学科,10 个校级重点学科,19 个校级重点建设学科,2 个校级培育学科,覆盖学校经济学、法学、教育学、文学、历史学、理学、工学、管理学、艺术学、医学全部 10 个学科门类;初步形成了符合学校实际并适应首都发展需求的学科专业体系(见表 4-2)。

表 4-2　北京联大市级重点建设学科一览表

序号	名称	所在学院
1	经济法	应用文理学院
2	计算机应用	信息学院
3	食品科学	应用文理学院
4	特殊教育学	特殊教育学院
5	人文地理学	应用文理学院
6	旅游管理学	旅游学院

2006 年 1 月,经国务院学位办批准,北京联合大学获批硕士学位授予单位。截至 2014 年年底,学校硕士学位授权学科点增至 10 个,其中学术型硕士学位学科点 6 个(考古学、计算机科学与技术、食品科学与工程、软件工程、工商管理 5 个一级学科硕士学位授权点和专门史 1 个二级学科硕士学位授权点),覆盖 22 个二级学科硕士学位授权点;专业型硕士学位学科点 4 个(教育、法律、金融、临床医学)。另外,学校还有自主设置二级学科点 10 个。这

样，学科专业布局共覆盖 30 余个二级学科领域。经过 10 余年的建设，北京联大基本建成结构合理、特色鲜明、优势互补、协调发展的学科专业体系，面向旅游、信息、食品和文化创意产业等方面的学科已经形成一定的特色和优势（见表 4-3）。

表 4-3　北京联大硕士学位授权学科点一览表

序号	名称	类别	
1	考古学	学术型	一级学科授权点
2	计算机科学与技术		
3	食品科学与工程		
4	软件工程		
5	工商管理		
6	专门史		二级学科授权点
7	教育	专业型	
8	法律		
9	金融		
10	临床医学		

截至 2013 年夏，学校已建成《公共关系概论》《Web 技术应用基础》《应用数学与计算》《工程化程序设计》4 门（高职）国家级精品课程，和北京市级精品课程 20 门；获批国家级精品教材《计算机公共基础》《C 语言程序设计教程》（第 3 版）、《Visual Basic 程序设计案例教程》《墙面装饰工程施工技术》《建筑装饰工程招投标与合同管理》《服装立体制版》（第 2 版）、《C 语言程序设计》（第 2 版）《计算机网络技术基础》（第 3 版）、《多媒体技术与应用实例教程》共 9 部、以及北京市精品教材 59 部；获国家级教学成果奖 2 项，市级教学成果奖一等奖 10 项、二等奖 25 项。

2011 年以来，学校先后有《应用数学与计算》（高职，负责人：应用科技学院陈玉花）、《Web 技术应用基础》（高职，负责人：应用科技学院薛晓霞）获得国家级精品资源

2010 年以后，不再有"国家级精品课程"的称谓，而分成国家级精品视频公开课和国家级精品资源共享课两类，在高职和本科都有评建。

共享课；《英美诗歌名篇选读》（本科，负责人：应用文理学院黄宗英）获评2014年国家级精品视频公开课，这是北京联大本科课程建设首次获得国家级称号。

（二）创新人才培养模式

1999年，北京联合大学顺应国家和北京地区高等教育大众化的趋势，及时调整招生计划，扩大招生规模。进入21世纪，学校的部分学院开始很少量地招收京外籍学生，招收非京籍学生数量每年呈缓慢增加的态势；从2010年开始，学校逐步增加了对京外地区的招生数量。

为适应生源结构变化对学校人才培养提出的新要求，学校创新分层分类的培养模式，创设校级实验班，以人才培养模式创新试（实）验区为依托，推动人才培养模式改革。在进行多样化特色人才培养模式改革与创新的基础上，充分考虑学生的不同特点及个性化发展需求，积极推进学分制改革，实施分流培养，因材施教。

1. 创设实验班

从2008学年起，学校在信息学院创办3个校级实验班，开展地方普通高校拔尖人才培养模式的探索与实践。实验班建立后不久，其优势和效果就显现出来。首批实验班成立后不到一年，学生在校级、市级乃至国家级各项赛事中均获佳绩。例如，在2009年全国ITAT大赛中，实验班有9人获奖，其中1人获得一等奖；在2009年全国C类英语竞赛中，实验班有9人获奖，其中1人获得二等奖，1人获得北京市大学生外语口语竞赛优秀奖；在2009年全国部分省市大学生物理竞赛中，有3人获得二等奖，3人获得三等奖（2007年仅有1人获三等奖，2008年有4人获三等奖）；2008级实验班学生平均获奖率达90%以上。实验班学生的整体水平在国家大学英语四级考试等各项统考中也很突出。2008级实验班共98名学生提前半年参加在2009年12月举行的国家大学英语四级考试，有86人通过，通过率达87.8%。

根据生源的差异性以及学生成长的多样化需求，学校从 2011 学年起，实施大类招生、大类培养，在信息、旅游、管理 3 个学院的 18 个专业开展实施。从 2011 级起，举办旅游管理（博雅）、金融学以及计算机科学与工程 3 个校级实验班，以校级实验班建设为突破口，大力度、小范围地积极推进学校人才培养模式的改革与创新；同年 12 月，学校还出台了《北京联合大学关于校级实验班管理的暂行办法》等系列文件。2016 年新出台了《北京联合大学校级实验班管理办法》在人才培养模式的改革与创新过程中迈出了重要的一步。

实验班对优秀人才开展针对性、创新性教育：师资配备优良，聘请学校知名教授和知名企业骨干担任双导师，聘请校内外教学名师担任课程主讲教师，市级名师授课比例不低于 50%。实验班学生享有各项优惠政策：成绩优异者优先享受参加中外合作办学项目，学生公派出国留学或交流的比例不低于 50%；享有环境良好的专用自习教室；享有单独设立的奖学金和技术实践与创业基金等；学校还设立专项基金支持实验班的教学建设与改革。

实验班人才培养模式进一步突出了"以人为本"的教育理念，有助于解决经济社会发展对高质量多样化人才需求与教育培养能力不足的矛盾，是提高人才培养质量的有效教育方式。

2. 建立人才培养模式创新实验区

当前我国各高校普遍采取的普适性教育，无法满足企业特别是软件行业对高校毕业生的具体的专业能力要求。北京联合大学努力面向行业探索多种模式培养服务外包人才，引入企业行业专家和社会培训机构开设服务外包课程，以 UEB"校园企业"为基础，以典型服务外包企业为依托，打造服务外包项目实战平台，提升学生综合实践能力。

2009 年 10 月，北京联合大学被北京市商务委员会和北京市教育委员会认定为第一批"中国服务外包培训中心（北京）"服务外包培训机构。

2009 年 11 月，教育部批准北京联大建立国家级服务外包人才培养模式创新实验区，该实验区由信息学院、管理学院、应用科技学院共同组成。同月，北京市教委批准该实验区为北京市级服务外包人才培养模式创新试验区。2010 年 3 月 9 日，北京联合大学"中国服务外包人才培训中心（北京）服务外包人才培训机构"正式揭牌成立。

北京联大的另一个市级人才培养模式创新实验区，是 2009 年成立于旅游学院的旅游复合型应用性人才培养模式创新实验区。这两个市级人才培养模式创新实验区，结合专业建设，打造全服务外包体系，实现校企合作模式升级，使学生在大学期间就可以参加企业培训，以培训课程换取学校学分，为其毕业后优先获得企业录用创造了条件。

3. 建设实验教学中心

截至 2016 年 1 月底，学校已建成 2 个国家级实验教学示范中心和 1 个市级经贸实验教学示范中心。

2009 年，设在应用文理学院的北京联合大学应用文科综合实验教学中心，被评为国家级实验教学示范中心。该中心位于北京联大学院路校区，主要服务于学校历史学、档案学等 8 个文科类专业 14 个专业方向的约 3400 名本科生的实验教学。同时，还为校内理工科学生和学院路地区高校教学共同体的其他高校学生提供人文社科类选修课程的实验场所。

2016 年 1 月，北京联大"旅游实验教学中心"获批国家级实验教学示范中心。该中心为培养适应现代旅游业特别是旅游新业态发展需要的高素质应用型人才，在多年旅游实验室建设的基础上不断建设发展。到此时，中心涵盖了旅游管理、酒店管理、会展管理、国际旅游、餐饮管理 5 大专业。主要包括旅游产品创意策划实验室、旅游信息管理实验室、旅游市场投资分析实验室等 25 个实验室。上述实验室是可以向全校旅游大类的学生，提供完备实验内容和试验场景的综合性实验场所。

2008 年，北京联合大学经贸实验教学中心（由隶属于管理学院的北校区中心和隶属于商务学院的东校区中心组成）被评为北京市市级经贸实验教学示范中心。该中心主要面向全校 9 个本科专业的约 4000 名学生，承担各类实验课、毕业设计、课外科技活动等实践教学活动，开展需要特殊场景制成的商务谈判、公共关系等经贸管理类教学活动。同时，面向全校学生和社会开放实验室资料，承接校企、职业培训项目，提供相关专业培训和继续教育服务等，还可为研究生培养、研究开发等提供实验实训环境。

4. 建设校外实践基地

学校以发展应用学科专业、培养应用型专门人才为办学方向，始终高度重视与相关行业、相关企事业单位合作建设校外实践基地。卢振洋校长曾指出："学科建设首先要与社会行业、企业密切结合，建设实习、就业和教师实践基地。"[1]2009 年至 2015 年 9 月，已建成校级（含以上）校外人才培养基地 62 个。其中，建有首旅集团校外人才培养基地、首都博物馆校外人才培养基地、京城机电控股有限公司校外人才培养基地、北京市档案局（馆）校外人才培养基地 4 个市级校外人才培养基地。2009 年，北京联合大学"首旅集团校外实践基地"，获批"北京市校外人才培养基地"，2013 年又获批"国家大学生校外实践教育基地"建设项目。

各校外实践（教学或就业培训）基地，都立足于各自的专业、行业特点，在符合教育运行规律的前提下，为学生提供在特定专业背景、工作场景下的学习实践条件，满足了学生的个性化发展需求，提升了学生的综合实践能力。这一举措是对应用型人才培养模式的创新。

5. 搭建学科竞赛和学生科技活动实践平台，入选大学生创新创业训练计划

学校围绕应用性人才培养目标，积极搭建学科竞赛和学生科技活动的实践平台，鼓励学生积极参加课外科技创新活动。2004 年

---

[1] 卢振洋校长 2013 年 2 月 19 日在中共北京联合大学四届二次全委（扩大）会议上的讲话。

11 月，学校组建学生科技协会。2006 年，举办了首届"挑战杯"学生创业计划大赛、英语演讲比赛、企业模拟经营沙盘对抗赛和计算机程序设计大赛等校内赛事。2007 年，学校制定了《关于学生参加课外科技活动奖励办法》和《关于教师指导学生课外科技活动的有关规定》等文件。同年还设立了学生科技活动基金，每年投入固定的经费（20 万元），用于资助校级学生科研立项，取得了很好效果。2007 年，在全国 ITAT 教育工程就业技能大赛中，北京联大学生获得全国特等奖和全国二等奖。2009 年，学校获批大学生科技活动北京市级立项，当年获批经费 160 万元（文科项目资助 5000 元，理工科项目资助 1 万元；此后每年获得经费略有波动）。该立项置于校教务处，由校团委具体管理和操作。2013 年，学校进一步入选国家大学生创新创业训练计划，每年获资助金 40 万元。据此，北京联大每年在全校范围内支持 40 个学生创新创业项目，每个项目受资助额平均达到 1 万元。这样，逐步构建起适应应用性人才培养的院、校、市、国家 4 层次学科竞赛体系和学生课外科技活动资助体系。

2006 年，信息学院学生李涵清在 2006 年全国大学生英语竞赛中荣获 A 级（普通高校类）特等奖。2007 年，学校在第四届"挑战杯"首都大学生课外学术科技作品竞赛中，有 11 件作品获奖；其中生物化学工程学院龚平老师指导毛德奎、杨磊、张慧娟 3 位同学的作品《杠板归的超临界萃取和红外光谱研究》获得北京市一等奖。2010 年，校实训基地潘峰老师指导学生组成的"光电一队"和"摄像头一队"，在第五届全国大学生"飞思卡尔"杯智能汽车竞赛中，分别获得全国总决赛的二等奖。

2010 年以来，学校获得大学生数学建模竞赛全国二等奖 2 项，获得 300 多项省部级以上科技竞赛奖项，其中获得"挑战杯"大学生科技竞赛北京市金奖 1 项，大学生（文科）计算机设计大赛全国二等奖 3 项。截至 2013 年，北京联大学生累计获得各类项目资助491 个，2200 余人次学生参加了课题研究，共获得 180 余项省、部级以上科技竞赛奖项，其中 3 项为"挑战杯"大学生科技竞赛全国三等奖。

　　同时，学校还组织学生开展科技活动进社区活动，给学生搭建了一个良好地交流平台，推广科技知识；打造了"启明星"大学生科技创新项目和"启明星"系类赛事的学生科技创新活动平台，充分培养学生的动手能力、科技精神和创新意识。

　　6. 承办以华北五省（市、自治区）计算机大赛为代表的重要赛事，搭建产学研合作交流平台

　　北京联大根据自身专业特点，承办了多项重要比赛。2009 年承办第三届全国大学生广告艺术大赛，2011 年承办首届怀柔杯国际大学生公益广告大赛。特别是从 2010 年起承办华北五省（市、自治区）及港、澳、台大学生计算机应用大赛：2010 年学校成功承办首都大学生计算机应用大赛。2011 年，参赛范围扩展到港、澳台，即举办了（第二届）"北京联通杯" 2011 年北京市大学生计算机应用大赛暨京、港、澳、台大学生计算机应用大赛。2012 年，学校继续承办（第三届）已扩大至"华北五省（市、自治区）暨京、港、澳、台大学生计算机应用大赛"。此后每年，学校都承办此项大赛，已形成品牌效应。

2011 年 11 月，北京联大主办第二届北京市大学生计算机应用大赛的决赛答辩现场

2010 年 12 月，北京联大主办首届北京市大学生计算机应用大赛时的校园一角

这类大赛不仅加深了学生对课内专业知识的掌握，锻炼提升了学生的专业实践能力和科研能力，而且也促进了北京联大在相关组织管理模式和技术支撑方面的技术创新。大赛既是科技和文化的盛典，也搭建了高校与商业企业产学研合作的交流平台，还扩大了学校的社会影响。部分活动的获奖作品得到企业认可，促进了部分成果转化进入市场，提高了学校的社会知名度。例如，2010 年首届北京市大学生计算机应用大赛的作品，已有 1 个设计项目上传到苹果应用商店、两个设计成果在人人网提供下载。

7. 设立大学生创业基金——创业资助金

2009 年，学校设立北京联合大学"大学生创业基金"，当年有 10 个项目获得该年度的创业基金资助，资助总额达到 20 余万元。从 2013 年起，该创业基金更名为"北京联合大学创业资助金"，经费来源也由此前的学校财政专项资助变为企业捐款。截至 2014 年年底，这项设立在学生临近毕业就业阶段的人才培养创新模式，已资助了近 40 个学生创新创业团队（项目），收到了很好效果。曾受邀在 2014 年 1 月 17 日，到中南海与李克强总理面对面谈创业的学校广告学院 2011 届毕业生韩磊，在学时就曾得到过这个项目的资助。

8. 促生网络教学系统模式

2003 年春，为应对突如其来的"非典"疫情，学校紧急建设了校、院两级网络教学系统，支持全校各类教育近 3 万学生的 2000 多门课程上网，建设了交互式的教学论坛，开通了提供远程拨号功

能的"特服号"系统。同时，建设具有网校性质的LUVIT网络教学平台、校内教学辅助性质的网络学堂，保证了学校在"非典"期间转变教学方式的顺利实施。学校组织教师制作多媒体网络课件，通过电话主动质疑、邮寄学习资料、网上BBS答疑和E-mail收取作业等方式，对分散在家的学生进行辅导。同时，建立了校、院相结合的网络教学质量监控机制，建设了一批网络精品课程。结果，将网络教学从应急式教学模式转变为适应信息社会发展的高校现代化教学的另一种教学新模式。

（三）办学层次进一步丰富

2006年1月25日，经国务院学位委员会第22次会议审议批准，北京联合大学获得硕士学位授予单位资格，专门史、计算机应用技术、食品科学3个二级学科，为硕士学位授权学科点。此后，学校通过设置专门管理机构，制定并不断完善研究生招生、培养、学位管理及研究生指导教师遴选制度等一系列措施，构建并实施与国家"211"大学开展联合培养博士项目、建立博士后科研工作站，从行政管理、师资建设、优化学术环境等方面不断提高研究生培养质量。

2011年，根据北京市学位委员会转发的国务院学位委员会《关于下达2010年审核增列的博士和硕士学位授权一级学科名单的通知》（京学位〔2011〕2号），北京联大增列历史学、计算机科学与技术、食品科学与工程、工商管理4个硕士学位授权点。

2011年8月，经国务院学位委员会学科评议组审议通过：北京联大原"计算机科学与技术"一级学科授权点调整为"计算机科学与技术"和"软件工程"2个一级学科授权点。"历史学"一级学科授权点调整为"考古学"，原"历史学"一级学科点自动取消；"专门史"保留二级学科授予权。

2012年12月13日，学校发布《关于自主设置"信息无障碍辅导技术"等二级学科的决定（京联发〔2012〕22号）》：（1）在

"软件工程（0835）"硕士学位授权一级学科点下，设置"信息无障碍辅助技术（0835Z1）"目录外二级学科。（2）在"食品科学与工程（0832）"硕士学位授权一级学科点下，设置"食品科学（083201）"目录内二级学科和"食品生物分离技术（0832Z1）"目录外二级学科。

2013 年 9—12 月，学校成功申报并获批在一级学科硕士点下，自主设置"文化遗产区域保护规划、数字艺术、商务法律、投融资管理、制造业信息化技术、教育智能化技术"6 个自主设置二级学科和"移动商务"1 个交叉学科。至此，学校拥有 10 个自主设置目录外二级学科。2014 年，学校又成功获批智能交通工程、信息资源管理 2 个自主设置目录外二级学科❶（见表 4-4）。

表 4-4　北京联大自主设置目录外二级学科一览表

序号	名称	所属一级学科	备注
1	信息无障碍辅助技术	软件工程	目录外
2	食品科学	食品科学与工程	目录内
3	食品生物分离技术		目录外
4	文化遗产区域保护规划	考古学	
5	数字艺术	软件工程	
6	商务法律	工商管理	
7	投融资管理	工商管理	目录外
8	制造业信息化技术	计算机科学与技术	
9	教育智能化技术	计算机科学与技术	
10	移动商务	工商管理	
11	智能交通工程	软件工程	
12	信息资源管理	工商管理	

2014 年，北京联大又获批了金融硕士、教育硕士、法律硕士和临床医学硕士 4 个授权专业学位硕士点；其中面向盲生的临床医学专业硕士点填补了我国这一领域的空白及我校在医学学科门类中硕士点的空白。

---

❶ 参考《北京联合大学 2015 年学科建设与研究生教育发展报告》第 3 页表格，北京联合大学研究生处，2016 年 1 月。

截至 2015 年年底，北京联合大学硕士学位授权学科点增至 10 个，其中学术型硕士学位学科点 6 个（考古学、专门史、计算机科学与技术、食品科学与工程、软件工程、工商管理）；专业型硕士学位学科点 4 个（教育、法律、金融、临床医学）。另外，学校还有前述 12 个自主设置目录外二级学科。

2007 年 9 月，北京联合大学招收的第一批硕士学位研究生入学。截至 2016 年 7 月，已经为国家培养了 7 届共 282 名硕士研究生。

（四）多方位提升学生素质

为深入贯彻落实《中共中央国务院关于进一步加强和改进大学生思想政治教育的意见》，学校实施了德育效应提升计划，着力学生"成长、成才、成功"，致力打造"思想育人、环境育人、实践育人、服务育人"四大德育平台，德育工作❶质量明显提高，学生素质全面提升。

1. 重视思想政治理论课教学与研究

学校高度重视发挥思想政治理论课在大学生思想政治教育中的主渠道作用，出台《北京联合大学关于加强和改进思想政治理论课教师队伍建设的实施方案》等多项措施，推进思想政治理论课教学改革，创新教学内容和形式，加大实践教学比例，形成了以问题导入式专题教学为主的课堂教学体系、以随堂社会观察和思想政治理论综合实践为主的社会实践体系和全校统一的考核体系。为有力促进教学，学校开展马克思主义理论学科建设，培育出"马克思主义中国化的北京实践""执政党建设""海外中国学""大学生思想政治教育有效性研究"等重点研究方向。2011—2013 年，全校思想政治理论课教师取得多项科研成果，在 CSSCI 期刊上发表论文 70 余篇。

---

❶ 多年来，我校的众多德育工作者呕心沥血，多方位关怀、塑造学生。截至 2016 年，我校已有 4 位老师获得"北京市高校十佳辅导员"称号的高校，分别是 2007—2008 年度北京高校十佳辅导员王鹤；2009—2010 年度北京高校十佳辅导员郭燕；2011—2012 年度北京高校十佳辅导员陆忠华；2015—2016 年度北京高校十佳辅导员吴巧慧。

在新的形势下，大学生心理素质教育研究作为大学生思想政治教育研究的一个重要组成部分，受到北京联合大学的高度重视。2005 年成立的"北京联合大学人文素质教育课程协作组"中单独设立了心理素质教育课程组。自 2007 年起，学校借助"北京联合大学学生思想政治工作研究会"的平台，大力开展心理素质教育科研工作。仅 2006—2010 年，学校专兼职心理教师共发表学术论文 53 篇，完成各级科研项目 16 项，出版专著（含教材）12 本。2013 年 9 月，学校心理素质教育中心教师撰写的《以课内外"双体验"教学为特色的大学生心理素质教育类课程改革与实践》，荣获北京市教育教学成果二等奖。

2. 多角度关注学生思想教育

（1）开展心理素质教育

北京联大心理素质教育工作起步于 2002 年。这一年，在小营校区成立学校第一间心理咨询室。之后，应用文理学院、师范学院、旅游学院等学院都相继建立心理咨询室，面向学生开放。2006 年，北京联大"心理指导中心"成立，推动开展全校性的心理健康教育活动，并开始建立学生心理档案。

2007 年 12 月，"北京联合大学心理指导中心"更名为"北京联合大学心理素质教育中心"（以下简称"心理中心"），是全校心理素质教育工作的专责机构，挂靠校学生处。经过十余年的探索和实践，学校建立健全了班级、学院、学校三级预防体系和发现、监控、干预、转介、善后五大工作系统。同时还制定了具体的规章制度和操作规范，如建立了咨询预约制度、心理危机排查制度、重点个案转介和追踪制度等。在服务形式上，坚持开展个别咨询和团体辅导相结合，逐步形成了"覆盖全体、突出重点"的团体辅导工作模式和工作特色。"覆盖全体"即面向全体学生，争取每名学生在校期间都能获得一次团体辅导的机会；"突出重点"即针对重点群体（如：新生群体、贫困生群体、学生骨干、辅导员）和重点问题（如人际关系、自信心、学业规划等主题）组织开展团体辅导。

学校还建立了"心理素质教育类"课程体系，将课程纳入培养计划。2004年，首开《大学生心理素质训练》公共选修课，2007年开设了针对全日制本科生的《大学生心理素质教育》必选课程，同期逐步开设了《大学生心理素质训练》《人际交往心理学》《沟通技巧及团队精神》《创新素质培养与训练》等系列公共选修课程，形成了一门主干课程、多门配套课程的课程体系。从2010年开始，实现了《大学生心理素质教育》课程对全日制本专科新生的全覆盖。2010—2015年，此课程覆盖总人数达3.6万余人。

2007年10月，学校开通了心理素质教育中心的网络平台，学生可以向所有校区的心理咨询教师进行在线咨询，还可以通过邮箱倾诉自己的心理困惑，寻求及时的心理援助。2012年5月，北京联大承办了市级心理健康知识竞赛，并荣获"首都大学生心理健康节最佳组织奖"。从2010年起，分布在全校的学生心理素质教育（中心）教师，每年接待学生心理咨询400~500人次。

（2）建立健全奖助学体系

2006年，学校建立学生奖助学体系，完善了助学贷款工作流程和奖学金、助学金管理办法，建立了国家助学贷款信息管理系统，并首次建立特困学生数据库。

2009年，学校健全学生资助流程，开展多种形式的助学活动。建立定期统计制度，完善贫困生档案库，细化了资助资金发放流程，修订勤工助学管理办法和勤工助学协议。2009年8月27日，为帮助家庭经济困难的新生顺利入学，学校专门开设"绿色通道"服务站，为87名贫困生办理缓交学费入学手续，为来自特殊困难家庭的44名学生发放"爱心助学礼包"。这一年的新生入学季，共有245人通过"绿色通道"顺利入学，100名学生获得"爱心礼包"。之后，"绿色通道""爱心礼包""爱心超市"（"爱心超市"最早开始于2007年的廊坊分校，后来这一制度被学校采用）等形式成为惯例，每年都实行。

（3）选派大学生"村官"

北京联合大学自2005年开始，从毕业生中试选拔"村官"。

2006年被确定为北京市选拔大学生"村官"试点院校，并开始大规模选送。到2010年，全校已有1155名毕业生走上"村官"岗位，曾经是北京市选派大学生"村官"最多的高校。❶管理学院2006届毕业生王丽娜，曾任平谷区马坊镇二条街村村主任助理。她全心全意为基础农民群众服务并建设性地开展工作，曾荣获"北京市优秀大学生村官"称号和北京市"五四奖章"。

3.发挥文化育人功能

（1）开展各类主题教育活动

近10年来，北京联大针对新时期大学生工作的特点，积极探索学生工作新模式，持续开展"激扬联大"活动，实现了学生活动课程化、学生事务育人化、学生发展自主化和全校统一军训基础上的主题军训。2009年，学校首次实现了全校新生统一集中军训；截至2014年秋季开学，已举办过以"空军""海军"和"反恐"为主题的新生军训。2004年9月，学校应朝阳区武装部要求，成立北京联合大学民兵高炮连，参加朝阳区武装部组织的民兵训练。10余年来，这支由80人左右的学生组成的"学生连"，人员每年有更替变化；他们所接受的较系统的军事训练，使其综合素质不断提高。

数年来，北京联大积极参与开展在校生应征入伍工作，连续6年（2010—2015年）荣获"北京市高校征兵工作先进单位"称号。

为激发全校师生"同一个联大、同一个梦想"的热情和精神动力，增强联大人的认同感，学校不断丰富文化建设的内容和形式，开展"激扬联大""我与联大共奋进""'党在我心中'百姓宣讲""知北京、爱北京、荣北京"等主题的品牌活动。2013年，学校在学生中开展"学理论、铸信念、做表率"学习党的十八大精神系列教育和实践活动；开展"我的中国梦"主题教育活动。定期组织召开学生党建工作研讨会，组织学生参加各种形式的支部活动，提高学生的思想认知。

2011年，北京联大被首都精神文明建设委员会评选为"首都

---

❶《北京联合大学志（2001—2010）·学校篇》，第3页。

文明单位"。

（2）组织各种校园文化活动

学校在完善社团管理制度的同时，优化部门之间的工作流程，形成完整有序的运行机制，成立艺术教育中心，以"五节五专场"为依托，搭建"青春联大"校园文化活动平台，培育了一批特色校园文化活动，形成了"成长加油站"素质教育开放课堂和名师讲堂、星期三音乐会、"英语影像力"、志愿服务活动日等多个品牌；开展"微"力工程建设活动，开设"青春联大"微博平台。上述各类活动，为学生营造了丰富多彩的校园文化生活。学校的箜篌乐团、学生合唱团、残疾人大学生艺术团等文艺团体，不仅装点了同学们的校园生活，还多次在校外演出并获奖。

> "五节"：科技文化艺术节、宿舍文化节、新生文化节、社团文化节。
>
> "五专场"：新年音乐会、"曲韵校园"专场演出、残疾人大学生艺术团专场演出、迎新晚会、毕业生晚会。

2013 年 2 月，学校箜篌乐团在国家大剧院举行专场演出

在北京联大的校园生活中，学校乐团是一道亮丽的风景。1997年 10 月 18 日，北京联合大学军乐团[1]成立，共有 36 名队员，全部由非特长生组成。1998 年，该团举办了"再回首"北京联合大

---

[1] 2004 年改称学生管乐团。

学毕业生音乐会。1999年参加北京市首届大学生管乐比赛，荣获三等奖。2001年12月31日，举办首次北京联合大学新年音乐会。以后每年都举办学校的新年音乐会；多次参加北京市大学生管乐比赛并获奖；还多次赴外地参加全国大学生艺术展演等重要音乐赛事并获奖。北京联合大学学生管乐团丰富了全校学生的校园文化生活，提高了乐团学生乃至全校学生的艺术修养，并提高了学校的知名度。

2008年5月，学校管乐团在"创智杯"中国第二届非职业
优秀管乐团队展演中，荣获全国金奖

（3）承继学校历史与文化传统

　　近年来，为顺应社会和学校自身发展的需求，北京联合大学加快了文化平台搭建的步伐。从2010年秋开始，历时3年时间，建成北京联合大学校史展馆，于2013年10月19日开馆；同日还举行了林乎加同志的雕像揭幕典礼。同一时期，为集中展示北京联合大学的办学历程和先贤们的办学思想，学校制定了《足迹——北京联合大学文库》（简称"联大文库"）出版计划。2013年7月，编纂出版第一本文集——首任校长谭元堃同志的《谭元堃文集》。2015年3月，"联大文库"第2本——学校第三任校长李煌果同志的《李煌果文选》出版。同年9月，出版学校已故北京市人大代表李敬同志的《李敬文集》；12月，出版学校首任党委书记张玉如同志的《张玉如文选》。

　　2015年，学校举办了"爱我联大"校史知识竞赛，14所学院的参赛选手参加了初赛和决赛的两轮激烈角逐。通过上述各类宣传方式，让更多学生能够较好地了解和传承北京联合大学的历史、文化与传统。

4. 大规模组织学生社会实践

北京联大不断加强学生社会实践的规范化、项目化和规模化建设。学校自 2003 年以来，连续多年被评为"首都高校社会实践先进单位"。2014 年，学校首次荣获全国大学生志愿者暑假"三下乡"社会实践活动先进单位称号。2006—2009 年，全校共有 24 支团队获得"首都大学生社会实践优秀团队"称号。2009—2013 年，由校、院联动组织的实践团队达 2000 余支，4 万余名学生分赴京城 18 个区（县）的近千个街道、乡镇、社区开展实践活动。

经过长期的努力，全校教职员工逐渐形成以教学为中心的共识。广大教工苦练内功，下大功夫提高教学水平和科研水平，加上外地优秀生源的引入，以及采取多方位提升学生素质的措施，近年来，学校的人才培养质量稳步提高，全社会的认可度也在不断提升，生源质量稳中有升。从 2013 年起，学校的会计、金融、软件工程、旅游管理 4 个专业，实现在 12 个省、自治区的一本招生。学校学生考取国内外研究生的人数不断增多，2011—2013 年，考取国内外研究生的数量超过前 10 年的总和。与此同时，学生的科研能力不断增强，2003 年，机电学院肖楠晔同学的《梁的强度与刚度可视化全自动审核系统》，荣获第八届"挑战杯"全国大学生课外科技学术作品大赛二等奖。仅在 2011—2014 年上半年的 3 年多时间里，全校学生就获得 300 多项省、部级以上科技竞赛奖项。2013 年 10 月，生化学院学生杨开创、张玲等 7 位同学的《解决城市老旧小区停车难问题的对策研究——以北京市堡头老旧小区为例》在第 13 届"挑战杯"全国大学生课外学术科技作品竞赛中荣获二等奖。2013 年，北京联大入选"国家大学生创新创业训练计划"。

2013 年 12 月，在由新华社新华网主办的新华教育论坛——"大国教育之声"活动中，北京联合大学与北京大学、浙江大学等 12

所高校一起被授予"2013中国最具魅力高校"的荣誉称号。

三、突出应用型科学研究

北京联合大学一贯重视应用型科学研究。2003年以来，学校采取多种措施完善科研制度，增加投入，鼓励教师投身科学研究，全校学术氛围逐渐浓厚，科研成果日益丰富，科研水平不断提升。

（一）科研制度不断完善，科研经费逐步增加

2003—2011年，学校先后召开三次科研工作会议。从2012年起，每年都举办全校科研工作会议，逐渐凝练、归纳出"突出应用研究、推动学科发展、坚持科技创新、服务首都建设"的应用型科学研究宗旨；陆续出台了许多重要的科研管理文件，采取多种措施鼓励教师参与科学研究，激发其科研积极性和创造性，全校科研工作在多方面呈现出可喜的态势（见表4-5）。

表4-5　2006—2015年北京联大新颁布的科研管理文件

文件名	文件发布年份
《北京联合大学学术道德行为规范》	2006
《北京联合大学科研项目经费管理暂行办法》	2007
《北京联合大学学术著作出版基金管理办法》	2009
《北京联合大学科研水平提高经费管理办法》	2010
《申报高水平科研竞争性项目入库资助管理办法（试行）》	2012
《北京联合大学新起点计划项目管理办法》	
《北京联合大学科研创新能力提升计划》	
《北京联合大学职务专利等知识产权资助办法（试行）》	2013
《北京联合大学校级科研项目管理及认定暂行办法》	
《北京联合大学横向科研项目管理办法》	
《北京联合大学科研（教研）项目及成果登记办法（试行）》	
《北京联合大学科研项目管理办法（试行）》	
《北京联合大学研究工作量制度实施办法（试行）》	
《北京联合大学科研成果及文学艺术类创作作品奖励办法（试行）》	
《北京联合大学科技成果转化激励办法（试行）》	2015
《北京联合大学设立科技成果转化岗位的实施意见》	

近年来，学校的科研项目经费逐步增多。科研经费的增长，对全校科研工作的开展起到巨大的助推作用（见表 4-6）。

表 4-6　2010—2013 年全校科研项目经费情况　　单位：万元

年份	全校横向课题经费	全校获得各类竞争性科研项目经费（含前述横向课题经费）
2010	505	1253.8
2011	1011	2573.4
2012	1443.2	3280.7
2013	1480	4370

（二）科研平台建设不断扩展

截至 2015 年 10 月，北京联大有 7 个市级科研机构，47 个校级科研机构，1 个市级大学科技园；还与外单位合作共建了 2 个院士工作站，与兄弟院校合作共建了 2 个博士后科研工作站；有 3 个公开出版的学术期刊。

这 7 个市级科研机构包括："生物活性物质与功能食品""信息服务工程""生物质废弃物资源化利用" 3 个北京市级重点实验室；"北京市智能机械创新设计服务工程技术研究中心" 1 个市级工程技术研究中心；"北京市政治文明建设研究中心""京台文化交流研究中心""北京学研究基地" 3 个市级哲学社会科学研究基地。2009 年底，北京联合大学科技园被认定为北京市级大学科技园；2011 年上半年，该科技园确定了"能量微芯片转化研究院"和"北京大学生创业集合体孵化中心"项目，汇集专利 27 项。2012 年 7 月，学校获批教育部首批"互联网应用创新开放平台示范基地"（见表 4-7）。

表 4-7　北京联大市级科研机构一览表

序号	名称	类别
1	生物活性物质与功能食品实验室	市级重点实验室
2	信息服务工程实验室	
3	生物质废弃物资源化利用实验室	
4	北京市政治文明建设研究中心	市级哲学社会科学研究基地
5	京台文化交流研究中心	
6	北京学研究基地	
7	北京市智能机械创新设计服务工程技术研究中心	市级工程技术研究中心

2012 年 6 月，北京联合大学与对外经济贸易大学合作建立了"旅游信息化研究中心"和"城市可持续发展研究中心"两个博士后科研工作站。

2012 年 12 月和 2015 年 5 月，北京联大分别与北京汽车集团、中国科学院地理科学与资源研究所合作共建了"北汽集团院士专家工作站"和"北京联合大学与中国科学院地理科学与资源研究所共建院士工作站"，分别聘请李德毅院士和周成虎院士为学校特聘教授，启动了汽车电子／智能交通领域、北京城市可持续发展等方面的科学研究与协同创新。这两个院士工作站的建立，扩展并且大大提升了北京联大科研平台的建设，对学校在科学技术、成果转化、人才交流和推进产学研合作等方面已经起到巨大的推动作用。

截至 2015 年 12 月，北京联大拥有 3 个公开出版的学术期刊：《北京联合大学学报（人文社会科学版）》《北京联合大学学报（自然科学版）》和《旅游学刊》。

《旅游学刊》是旅游学院主办的国内外公开发行的旅游科学研究和旅游行业业务探讨的专业性期刊，是国内旅游学界业界公认的最具权威性的专业学术刊物。2009 年 6 月，《旅游学刊》被武汉大学中国科学评价研究中心评为"RCCSE 中国权威学术期刊"。2012年，《旅游学刊》因其多年来的学术贡献和对非牟利性的坚守而入选国家社科基金首批资助的百家学术期刊；2012—2015 年，《旅游学刊》连续 4 年被中国知网评为"中国最具国际影响力学术期刊"，其中 2012 年排名全国第 7，在全国高校主办的期刊中名列第一。

此外，《旅游学刊》创刊后主持召开的推动全国学术近距离交流的一系列"旅游科学理论与实践全国学术研讨会"，在近年发展成为由北京联合大学主办并得到全国著名高校积极响应的"《旅游学刊》中国旅游研究年会"。

2003 年 5 月，《北京联合大学学报》获批创办人文社会科学版之后，文理分刊。多年来，《北京联合学报》始终坚持正确的办刊方向，把社会效益放在第一位，刊登了大批名家名作和新秀力作，许多文章被《新华文摘》《中国社会科学文摘》、人大《复印报刊资料》等核心文摘期刊转载或转摘。2009 年 6 月，《北京联合大学学报（人文社会科学版）》被评为"RCCSE 中国核心学术期刊"。

2010 年 7 月，在北京高教学会社会科学学报研究会 2010 年年会上，我校学报被评为"北京高校人文社科学报名刊"，其中该刊的"北京学研究"栏目被评为"北京高校人文社科学报名栏"。2012 年春，《北京联合大学学报（人文社会科学版）》的"北京学研究"栏目入选"教育部高校哲学社会科学名栏建设工程"。

2014 年 3 月，中国人民大学人文社会科学学术成果评价研究中心发布"2013 年度《复印报刊资料》转载学术论文指数排名"，《北京联合大学学报（人文社会科学版）》在全国高等院校主办的 1150 种学报中，按全文转载率排名第 27 位，已进入前 5%。2015 年，《北京联合大学学报（人文社会科学版）》入选 CSSCI 来源期刊。

《北京联合大学学报（自然科学版）》也办得很有成就。2008 年末，经中国高等学校自然科学学报研究会专家评审，在"第二届中国高校精品·优秀·特色科技期刊"评比活动中，《北京联合大学学报》（自然科学版）被评为中国高校特色科技期刊。

（三）产、学、研合作广泛

随着改革开放的不断深入，学校依托学科专业优势，加强资源整合及优势互补，与政府机关、学校、企业等各层面，开展广泛政、产、学、研、用合作。

2005 年，管理学院与阿里巴巴（中国）网络技术有限公司签订协议共同培养电子商务人才；信息技术研究所与台湾掌宇公司合作联合成立 IC 联合研发中心；应用文理学院与东方易初标准技术有限公司联合培养 ISO 14000 环境管理体系认证内审员。2006 年，学校召开了"机电学院产学合作教育研讨会"，提出聘请行业专家担任兼职副院长的决定，并在 4 个学院得到实施；还制定了产学合作教育的有关规定。同年，管理学院与用友软件股份有限公司新签订了共建 ERP 实验室的合作协议；自动化学院与中国自动化学会签订"授权 ASEA 培训中心协议"；特殊教育学院湖南教学基地成功揭牌；旅游学院与全聚德集团开展了学历教育"订单式"培养项目。截至 2006 年，学校已与企业签订合作办学协议超过 200 项。

2011 年 4 月，学校与北京科技大学签署合作框架协议。2012 年 3 月，学校分别与对外经济贸易大学签署战略合作协议，与北京市档案局签署合作协议。2012 年 4 月，学校与甘肃省白银市人民政府签订了"甘肃省景泰黄河石林民俗文化旅游区规划设计"等 7 个项目，签约金额近 2000 万元。

2012 年 5 月，学校与对外经济贸易大学合作共建的"城市可持续发展研究中心"和"旅游信息化研究中心"揭牌；当月，学校与全国休闲标准化技术委员会共建的"休闲服务标准化科研基地"揭牌。2012 年 7 月，学校获批教育部首批"互联网应用创新开放平台示范基地"，北京旅游信息化研究基地成为首批北京市社会科学与自然科学协同创新研究基地。

2012 年，学校与市委社会工委合作建立"北京社会建设研究院"。

2013 年 5 月，学校分别与中国铁建投资有限公司和首都机场集团公司签署合作协议，及战略合作框架协议。

2014 年 4 月，为进一步激发教师和科技人员将科研成果转化为生产力的积极性，推进全校科技成果转化的进程，学校专门发布文件《北京联合大学关于成立加快推进科技成果转化和科技协同创新领导小组的通知》（京联发〔2014〕8 号），并成立了"北京联合大学加快推进科技成果转化和科技协同创新领导小组"，由卢振洋校长担任组长，为进一步加快全校科技成果转化和科技协同创新的进程而加力。

2014 年，学校与北京卫星制造厂、故宫博物院、中央农产品北京管委会等单位签订政、产、学、研合作协议 9 项。

2012 年，学校聘请中国工程院李德毅院士为特聘教授并成立了院士科研工作站，组建科研团队，启动智能交通领域科学研究。

李德毅教授（1944—），江苏泰州人，中国工程院院士，指挥自动化和人工智能专家。他在国际上最早提出"控制流—数据流"图对理论，还提出了不确定性知识的表示和推理理论。2012 年 12 月，他被聘为我校特聘教授，在我校建立院士工作站。本图是 2015 年 9 月 10 日李德毅院士在我校开学典礼上讲话。

2014 年 11 月 15—16 日，北京联大参加了在江苏常熟举行的 2014年"中国智能车未来挑战赛"，是参赛单位中唯一的地方高校。学校派出两辆参赛智能车，其中"京龙 1 号"由北汽集团的北京 C70轿车改装；"京龙 2 号"由北汽集团 C30 纯电动车改装，是此次参赛的唯一一纯电动车，它另外还承担了中央电视台实况转播车的任务。最终，"京龙 2 号"和"京龙 1 号"分别获得第三名和第四名的佳绩。这是该团队"学以致用"奋力拼搏的结果，是举全校之力支持的结果，是在李德毅院士指导下，与总参 61 所、北汽等协同创新的结果。

2015 年 5 月 16 日，在北京民族文化宫举办的全国科技活动周暨北京科技周开幕式上，北京联大派出了在 2014 年中国智能车未来挑战赛中获得佳绩的"京龙 2 号"参展。中共中央政治局委员、国务院副总理刘延东，中共中央政治局委员、北京市委书记郭金龙，全国政协副主席、中国科技部部长万钢等亲临我校无人驾驶智能电动车展区参观。刘延东副总理充分肯定了北京联合大学在无人驾驶智能电动汽车领域所取得的科研成果。

（四）科研成果日益丰硕

近年来，得益于全校上下对科研重要性认识的逐步增强、学校各类相关激励政策的出台，以及科研经费的逐年增长，北京联大各类科研成果的数量、档次都有大幅度的提升。

2003—2012 年，全校教师发表在核心期刊上的论文数量由 119

篇增加到795篇，国际著名检索系统收录的论文数量由16篇增加到169篇；获得授权专利量从2005年的5件跃升至2012年的119件，近几年连续在北京市属高校中排名前三。特别是近年来，学校教师发表的高水平论文和获得授权的专利数量不断增加，2010—2012年核心期刊的论文数量分别为610篇、858篇、795篇，2011—2012年被SCI、SSCI和EI检索论文数量分别是64篇和104篇。2010—2013年，全校专利授权数量分别为60个、97个、87个、92个，居市属高校前列（见图4-1、图4-2）。

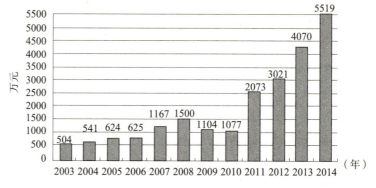

图 4-1　学校近年校外科研经费获得情况

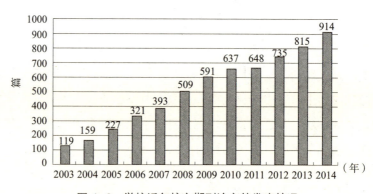

图 4-2　学校近年核心期刊论文的发表情况

2010—2014年上半年的3年多时间，全校科研项目申报质量和水平明显提升，共获批国家自然科学基金和社会科学基金项目59项，超过前10年的总和；在国家自科基金重大项目、国家社科基金重大项目、重点项目和北京市社科基金重大项目均获得突破。2013 年,北京联大获批北京市社科基金项目数量跃居市属高校第一,获批国家社科基金年度项目数量居市属高校第二。另据统计,2014 年,学校获批国家自然科学基金项目 8 项,获批国家社科基金项目 10 项,获批省部级科研项目 45 项,竞争性科研经费突破 5000 万元(见图 4-3)。

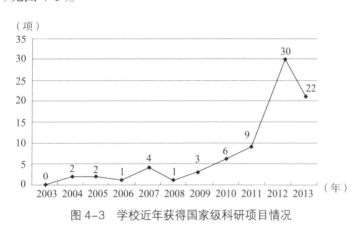

图 4-3 学校近年获得国家级科研项目情况

2013 年 11 月,由特殊教育学院钟经华教授作为首席专家申报的《汉语盲文语料库建设研究》获得立项,这是北京联大首次获批国家社科基金重大项目。《汉语盲文语料库建设研究》涉及盲文研究的重大基础建设,将极大地助力盲文信息化软件研发,对盲文研究的理论和方法具有长远性的影响。而且,该项目也事关弱势群体语言文字权益平等,有助于促进盲人享有平等的文化权益。

2014 年年底,鲍泓教授作为项目负责人申请的国家自然科学基金重大研究计划项目“智能车驾驶脑认知技术、平台与转化研究”成功获得批准。这是学校首次在自然科学领域承担国家重大研究计划项目。本项目是国家自然科学基金委设立的“视听觉信息的认知计算重大研究计划”的重点支持项目,对北京联大在视听觉信息的认知计算领域的学术研究和应用能力的提升有重要作用。本项目的获批,以及学校在 2014 年“中国智能车未来挑战赛”中获得的佳绩,提升了北京联大在自然科学领域中的科研水平和社会影响力。

四、拓展国际化办学视野

北京联合大学服务北京世界城市建设，把积极推进国际化办学作为学校的重大发展战略之一，取得了重要的成就，主要表现在以下三个方面。

（一）校际交流品质提升、形式多样

截至 2015 年 5 月底，北京联大已与美洲、欧洲、大洋洲、亚洲的 40 个国家和地区的 140 所院校建立了合作关系。如：与英国西苏格兰大学（原佩斯里大学）、威斯敏斯特大学、安格利亚鲁斯金大学、罗汉普敦大学等开展了 3+1、4+1 项目，以及 3+1+1 硕士合作项目；与美国恩波利亚州立大学开展了在校生交流项目及硕士学位项目，我校每学期选派 30 名优秀学生赴该校交流学习；与日本新潟大学、韩国建国大学、首尔市立大学和中国台湾朝阳科技大学等开展了在校生交换项目；与瑞典林雪平大学合作开展了户外教育硕士项目。

同时，校际之间人员出访、交流频繁。学校通过参观互访、论坛、研讨会、讲座等多种形式开展学术交流，推进国际化办学水平。仅 2011—2013 年，北京联大就举办外国专家学术讲座 180 余场。近年来，学校成功举办了中美韩国际研讨会、北京国际特殊教育学者讲坛、国际职业教育论坛和地方大学国际化发展战略国际研讨会，并与台北科技大学等多所台湾高校多次联合举办了海峡两岸高等教育（技职）学术研讨会，在海内外教育界产生了较大影响。

（二）国际化人才培养推陈出新

北京联大着力于通过多种形式丰富学生国外、境外学习经历，着力营造国际化的学习氛围，以培养学生的国际化意识，拓宽学生

国际化视野，提高学生跨国家、跨文化理解和沟通能力，增强学生在未来世界城市建设中的竞争力。学校积极引进国外合作院校先进教育资源和国际先进教育教学经验和做法，实施教育国际化和教育本土化有效融合，并通过聘请外国教学专家、本土优秀双语教师开展双语或全英语教学，建立合作院校专家授课机制，让学生在校内即可接受先进的国际化教育。近年来，每年有 30 多名外籍教师在校任教，占全校专任教师总数的 2%。

2006 年以来，学校选派各类交换生 1000 余名，设立学生出国境交流奖学金，为品学兼优、家境困难的学生提供更多留学机会。学校选派的交换生普遍表现优秀，自 2012 年设立首届北京市高等学校学生公派境外奖学金，至 2014 年 3 月，全校已有 226 名交换生获得该奖学金。2007 年，北京联大在英国威尔士，设立兰彼得孔子学院，成为第一个在海外设立汉语推广基地的北京市属高校。2011 年 3 月 1 日，北京联合大学与英国威尔士大学三一圣大卫孔子学院合作承办的英国威尔士第一所孔子课堂在霍兰德沃里学校成立，英国查尔斯王子和中国驻英国大使刘晓明为孔子课堂揭牌并参加庆祝活动。

2011 年 3 月 1 日，英国查尔斯王子到英国威尔士霍兰德沃里学校，为北京联大与英方合办的孔子课堂揭牌，并与学生们交谈

在国外的大学设立的汉语推广基地称为"孔子学院"，在国外的中小学设立的汉语推广基地称为"孔子课堂"。孔子课堂一般是中国在当地的孔子学院的附设机构，由该孔子学院与对方合作承办。

2008年，北京联大获得全国第一批国家商务汉语考试承办资格。

2010年10月，北京联大搭建国际化合作交流平台，成功举办了"大学国际化发展战略国际研讨会"，向五洲四海敞开臂膀，彰显了我校加大国际化办学力度的目标和气魄。13个国家和地区的22所大学49位国（境）外来宾参会，围绕高等教育理念的时代演变和高等教育的人才培养，共同研讨国（境）内外大学国际化发展战略，共享发展成果；与会各高校还签订国际联盟协议，共享教育资源。

2010年10月，北京联大举办"大学国际化发展战略国际研讨会"，
与会各大学校长合影

（三）留学生教育稳步发展

北京联大自1993年开始招收来华留学生。学校的国际化教育吸引了来自全球各地的学生，2003年以来，全校的国（境）外留学生规模一直保持在1500人次左右，居市属高校第二位，其中超半数为学位生。

2010年，学校成立"北京联合大学国际交流学生管理委员会"，统筹管理学校的来华留学生和出国境交流学生；成立"北京联合大

学国际交流学生教学指导委员会"，进一步规范对来华留学生的教学及管理，提高留学生教育教学的质量。

2012 年，北京联大首次招收 9 名境外留学生攻读硕士学位。2014 年，学校又出台了《北京联合大学外国来华留学研究生管理办法》，进一步规范、指导相关留学生教育工作。2014 年，学校留学生规模达到 1497 人次，其中在校留学生攻读硕士学位人数达到 33 人。

五、增强社会服务能力

社会服务是高等院校的基本职能之一。2003 年以来，北京联合大学师生贯彻"发展应用型教育、培养应用型人才、建设应用型大学"的办学宗旨，结合学科专业优势，充分利用教学资源，在服务首都建设、服务国家重大活动，特别是在服务 2008 年北京奥运会残奥会中，绽放了光彩，做出较大贡献。

（一）服务首都和全国建设

2003 年以来，北京联大作为一所市属高校，本着为首都经济政治、文化和社会建设服务的宗旨，充分利用教学资源，在为北京市和国家机关信息化与电子政务培训工作、北京市企事业单位申请职称英语和计算机考试培训等工作中，都做出了积极贡献。例如：学校先后举办和承接了"北京市区县局级领导干部电子政务培训班""市直属办局领导干部培训班"、信息产业部"全国电子政务师资培训班""全国检察机关信息化与电子政务培训班"、北京市机关副处级干部申报政工专业职务英语考试等工作；仅在 2010 年下半年，北京联大就承办了北京市企事业单位申请政工职称英语和计算机培训多个培训班，参训学员达 1000 余人。学校因此得到了北京市委组织部、市信息办和国家有关部委等单位的肯定。

2009 年 10 月，北京联大被授予第一批中国服务外包人才培训中心（北京）服务外包人才培训机构，进而积极参办相关培训项目。

2011 年，北京联大与中国全聚德集团开展订单式校企合作，以北京市职业教育分级制改革试点项目为平台，为全聚德集团提供社会化培训与考试等教育服务。

2011 年上半年，学校与市委组织部专家联谊会合作举办了"国际高级人力资源管理师培训班"和"领导心理学培训班"，开办了公共选修课《现代服务业与现代商务》进行服务外包培训。

北京联大成教部从 2011 年起，承担教育部国培项目"中等职业学校专业骨干教师国家级培训项目"任务中的学前教育、电子商务、中餐烹饪、旅游服务管理等培训项目，每年举办两期。

北京联大还支持和鼓励教师个人发挥自身在科研、技术服务和教育培训等优势，通过参与行业企业技术与职业标准开发、承担或参与行业企业技术研发课题、提供行业企业咨询服务、承接行业企业员工或客户培训等方式，提高优质社会服务。例如，（1）旅游学院拥有北京市劳动局批准的"职业技能培训中心"，承担着为北京市酒店与餐饮业人员提供在职专业培训及考核工作，承担着西式烹饪、西式面点、中式烹饪、中式面点、餐厅服务、客房服务等专业考试项目。（2）应用科技学院支芬和等部分专业带头人和骨干教师，担任摩托罗拉中国有限公司高级培训师。（3）生物化学工程学院计算机控制技术专业带头人曹辉及教学团队，与欧姆龙（中国）有限公司合作开发了"可编程序控制器职业技能证书"，并建立了"北京联合大学欧姆龙测控技术实验室"，搭建起职业技术技能证书培训平台。（4）自动化学院智能建筑与控制工程专业带头人范同顺，与中国自动化学会、中国建筑业协会智能建筑专业委员会合作，在我校自动化学院建立了国内第一个"ASEA（职能建筑）工程技能测试中心"，为国内智能建筑行业岗位培训服务。（5）广告学院、商务学院部分教师承担了北京地铁 6 号线、8 号线、9 号线、10 号线一些站台的部分艺术装饰装潢工作，均获得了社会的广泛好评。

以下照片展示出由北京联大广告学院老师等参与设计、制作的北京地铁站内（部分）艺术项目。

"雕刻时光"，位于地铁 8 号线鼓楼大街站

"北京记忆"，位于地铁 8 号线南锣鼓巷站

"孙子兵法"，位于地铁 9 号线军事博物馆站

（二）服务奥运会等国家重大活动

在 2008 年北京夏季奥运会、残奥会中，北京联大师生结合学科专业优势，以专业的服务和辛勤的汗水，做出了卓越的、全方位

的贡献，并获得各界的广泛赞扬。

特教学院成为奥运会、残奥会志愿者培训基地，并受奥组委委托录制了残奥会志愿者培训教学片。应用文理学院部分英语教师承担了奥运会期间中英文常用语的对照手册的编写。旅游学院发挥自身优势，承担了以下各项针对 2008 年北京奥运会的大宗社会服务项目：完成了奥运城市光环线系统线路设计、奥运餐饮业服务与管理系列教材研发、奥组委奥运赛时餐饮标准及教材编写和培训、劳动和社会保障部迎奥运"窗口服务英语"培训教材编写、北京市市属饭店"迎奥运饭店服务英语口语"培训、《中文菜单英文译法》编审、奥运会酒店安全知识培训；《"奥运人家"接待与服务标准》起草、《迎奥运住宿业服务质量标准》评定、2008 年北京奥运会奥运村住宿管理服务培训及系列教材的编写，并培训管理及服务人员（均为大学生）8000 人。

广告学院教师尹涵设计的蓝色星球方案，最终脱颖而出被奥运会开幕式节目所选用。学校小营校区（现称"北四环校区"）运动场，成为奥运会期间足球裁判员的训练场，是京内 22 个独立训练场馆之一，接待了来自五大洲的 740 多人次的足球裁判员在此集结训练。北京联大特殊教育学院学生姜馨田担任残奥运会开幕式圣火采集人。

由我校广告学院尹涵老师设计的"蓝色星球"创意，
被 2008 年北京奥运会开幕式采用

我校特教学院学生姜馨田，为 2008 年北京残奥会圣火火种采集人

我校北四环校区足球场在 2008 年北京奥运会期间
成为各国足球裁判员的训练场

由我校特教学院教师编写的 2008 年北京残奥会志愿者培训教材

第四章　建设高水平有特色的应用型大学（2003 年—）

2008 年北京奥运会和残奥会前夕，由我校旅游学院教师编写的中英文对照菜谱，由中国旅游出版社出版

由我校旅游学院教师为主编写的奥运会志愿者培训教材（一套共 5 本）

学校共有 7000 余名志愿者参与志愿服务 2008 年北京奥运会和残奥会，遍及赛会志愿者、城市志愿者、社会志愿者三大领域：承担了足球裁判训练场（北四环校区足球场）的全部志愿服务任务，以及工人体育馆、首都机场、开幕式演员、奥运村服务生、奥运安保、驾驶员、交通场站 8 项志愿服务任务；全校有 6 名教工进入北京奥运会交通服务运输团队。

我校奥运会志愿者在奥运村地下室搬运物资

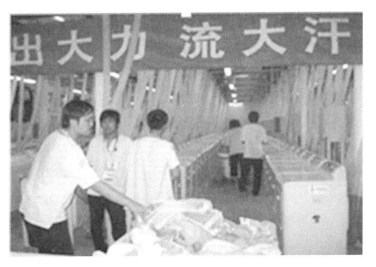

我校志愿者每天在高温闷热的奥运村洗衣房清洗运动员的衣服。
不到 20 天，洗了几十吨衣服

　　因北京联大在 2008 年北京奥运会工作中的突出表现，校团委获得北京市委、市政府和北京奥组委颁发的"北京奥运会残奥会先进单位"荣誉称号，12 人获得"北京奥运会残奥会优秀志愿者"荣誉称号，118 人获得"北京奥运会残奥会先进个人"荣誉称号，115 人获得北京奥组委志愿者部、市教委教工委、团市委等系统的市级表彰。

除了上述重大活动的志愿服务之外，多年来，全校各学院学生平时也大量、频繁地参加各类爱心志愿者服务活动，奉献爱心、挥洒汗水，获得了社会各方面的广泛好评，简直不胜枚举。例如：师范学院学生志愿者自 2009 年至今，始终坚持开展"打工子弟学校志愿服务"，义务为外地来京务工人员的子女辅导功课。从 2009 年开始，北京联大在每年春节档期都有百余名铁路春运志愿者，在北京各火车客运站开展客流引导、购票引导、应急事件处理等志愿服务。在 2010 年春运志愿服务工作中，学校 17 名同学获得"铁路春运优秀志愿者"光荣称号。2010 年 2 月 3 日，北京联大 500 名志愿者参加了为帮助北京市 16000 余户临时困难家庭在温暖祥和气氛中度过春节而举办的"暖——2010 爱心互助大型义演"活动。2013 年 4 月 16 日，北京市第三批首都大学生保护知识产权志愿者校园服务站成立仪式在北京联大举行，我校部分学生就此投入到保护知识产权的志愿者服务。2013 年 10 月，机电学院 45 名学生为 2013 年全国盲人柔道锦标赛提供包括协调联络、安全维护、后勤保障、车辆调度、会场引导、竞赛引领等志愿服务工作……

第五章

党的建设

北京联大 30 多年的发展历程，是在党的领导下，全体教职员工不断探索办学之路的过程，不断艰苦奋斗、整合调整、改革创新、改善办学条件的过程，不断沿着现代大学之路奋勇前行的过程。从大学分校时期党的领导小组，到第四次党代会的召开，学校始终坚持围绕中心抓党建，抓好党建促发展，坚持"趣在求是、学以致用"，以时代精神为引领，团结带领全校教职员工，不断克服困难，不断破解难题，不断取得进步。30 多年来，党的领导一直是学校改革发展的思想引领、方向引领和组织保证。

一、首次党代会之前学校党的工作

1978 年 36 所大学分校建立。在各个分校建立初期，都没有建立党委，而是由"领导小组"主持分校的全面工作。1982 年以后，各分校陆续建立了临时党委。1985 年，经中共北京市委批准，建立了北京联合大学党委，党委负责人由市委任命，未产生党委委员和常委。

1985—1992 年，北京联合大学党委的工作与一般高校相比有其特殊性。时任市委教育工作部部长汪家镠同志曾明确指出，"联合大学党委和一般学校的党委不同，它不直接面对学院的党委，经常性的工作由学院党委去管。"❶学校党委对各学院的关系是指导关系，而不是直接领导关系。这期间，学校党委在北京市委的领导下，协助市委教育工委（中共北京市委教育工作委员会的简称），围绕高校党委的职责，特别是党的建设和思想政治工作方面开展工作。

1992年11月12日，北京市委组织部京组干〔1992〕184号文通知："经研究决定，组建中共北京联合大学党委会，张玉如任北京联合大学党委书记；胡静萍任副书记；李煌果、姜成坛、袁林、李月光、熊家华任党委常委。"将原来党的组织关系在市委的文理学院、文法学院等8所学院的党的组织关系转到北京联合大学党委，由党委常委会领导。

1994年1月，北京联合大学第一次党代会正式选出来第一届党委和常委。学校实行党委领导下的校长负责制，党委开始全面履行高校党委的各项职责，党的建设得到进一步加强。

二、学校的四次党代会

1994年1月25—26日，中共北京联合大学第一次代表大会召开。大会正式代表127人，列席代表62人。校党委书记张玉如向大会做工作报告，校长李煌果做校长报告。大会的主题是：解放思想，深化改革，为把我校建设成具有自己特色的社会主义新型大学而奋斗。张玉如在报告中提出"立足首都,面向城乡企业,面向基层,面向生产第一线，培养德、智、体全面发展的适应首都经济建设和社会发展需要的应用型本科人才和高等职业技术人才，力争把我校办成具有自己特色的较高水平的综合性地方大学"的办学目标。

1999年4月23—24日,中共北京联合大学第二次代表大会召开。大会正式代表173人，列席代表45人。校党委书记熊家华做工作报告，大会主题为：高举邓小平理论伟大旗帜，认真贯彻落实党的

---

❶ 熊家华主编：《北京联合大学志（1978—2000）》,科学出版社2006年版,第168页。

十五大和北京市第八次党代会精神，深化改革、发挥优势、提高质量、办出特色，实现跨世纪的发展目标。报告提出"面向北京，面向社会主义现代化建设第一线，坚持培养德智体等全面发展、适应经济建设与社会发展需要的应用型人才的办学方向，努力建设成为新型的综合性的以高等职业教育为主，普通高等教育、成人高等教育统筹规划，协调发展的地方大学；建设成为北京市高等职业教育的中心；在全国同类院校中争创一流水平"的办学目标。

2003 年 12 月 27—28 日，中共北京联合大学第三次代表大会召开，大会正式代表 208 人，列席代表 18 人。校党委书记席文启向大会做工作报告。大会主题是：增进团结、深化改革、加快发展，努力开创建设应用性大学的新局面。报告提出"发展应用性教育，培养应用性人才，建设应用性大学"的办学宗旨；坚持"面向大众、服务首都，应用为本、'三教'统筹，高职特色、争创一流"的办学定位，深化各项改革，提高教育教学质量，把我校建设成为以本科教育为主的多类型多层次综合性的应用性大学。

2012 年 12 月 22—23 日，中共北京联合大学第四次代表大会召开，大会正式代表 167 人，列席代表 16 人。校党委书记徐永利向大会做工作报告。大会主题是：认真学习贯彻党的十八大和市十一次党代会精神，团结带领全校师生员工，解放思想、乘势而上，协同创新、内涵发展，为建设首都人民满意的应用型大学而努力奋斗！大会提出：坚持"面向大众、服务首都、应用为本、争创一流"的办学定位，办学目标是未来五年建成一所首都人民满意的有特色的应用型大学，即"学科优势更加突出，教学质量更加优质，科研基础更加扎实，大学文化更加浓郁，服务社会能力更加增强，体制机制更加顺畅，一体化办学思想更加坚定，校区、学院、学科和专业布局更加合理，现代大学制度初步形成，学校的办学特色、综合实力和社会影响力在首都高校中的地位更加凸显"。

2012 年 12 月 23 日，第四次党代会全体党委委员合影

三、党的自身建设

北京联大党委坚持以思想理论为基础，领导班子、干部队伍建设为重点，基层组织建设为根本，党风廉政建设为抓手，制度建设为保障，加强党的自身建设。

在思想政治建设方面，按照全校教职工政治理论学习、校党委理论学习中心组学习、教职工理论学习特色项目培育、市哲社研修班学习几个层面设计学习主题和内容，提高校院领导班子理论水平和广大师生的思想政治素质。学校党委中心组学习以"致用"为落脚点，将理论学习和观察实践相结合，提高领导班子治校理教能力。例如，校党委理论学习中心组成员听取了《康乾盛世中国文化高峰的中心——北京》这一报告后，即赴皇史宬和故宫进行实地学习考察。再如，针对首都机场集团员工中，北京联合大学的毕业生比例较高，这一学校人才培养的实际，2013 年 5 月，学校、部分学院的领导和相关部门负责人赴首都机场集团公司进行实地考察，从学校毕业生的工作岗位状况回头看学校的人才培养模式，以进一步规划和落实学校人才培养和功底人力资源需求的有效对接。

在领导班子、干部队伍建设方面，认真贯彻落实《党政领导干部选拔任用工作条例》和四项监督制度等政策法规，坚持在推荐提名环节、面试答辩环节和测评考察环节上扩大民主，提高选人用人的准确度和公信度。在2010—2013年组织开展的处级职位的竞争上岗中，29个岗位根据答辩成绩共确定了61名考察对象，实现了优中选优。学校稳步推进干部轮岗，完善了同一岗位连续任职8年以上的，原则上必须进行轮岗交流和在同一岗位工作6年以上，与人财物密切相关岗位的工作人员，从事执纪执法的工作人员原则上应当轮岗交流等制度；在校院中间、机关和教学单位之间、校内外间开展了跨度较宽、力度较大的干部交流。学校于2009年10月成立干部培训学校，并使之成为北京联合大学干部教育培训的主渠道。

在基层组织建设方面，学校适应多校区、应用型大学的建设要求，本着有利于开展党的工作，有利于中心工作的原则，不断优化基层组织设置，完善了校院系三级管理体制，健全基层组织纵向管理体系；在基层组织建设年活动中，按照"支部建在连上"的要求，优化调整党支部，以保证党的工作全面覆盖。学校党委高度重视发展党员工作，有针对性地做好博士、教授等高层次人才中的党员发展和青年骨干教师中的党员发展，有效改善了党员队伍结构；积极探索残疾学生、艺术类学生、高职学生等不同类型学生的党员发展工作模式，并在实践中取得一定的成效。2013年1月，北京联大被中组部组织一局三处确定为党员发展工作联系点，一局三处领导亲自到学校指导党员发展工作。此外，学校党委根据不同类别和层次党员的特点和需求，结合基层党支部书记培训工程、预备党员培训工程、青年教师党员培训工程、毕业生党员培训工程四个重点工程，做到党员教育培训的分类施教和按需施教。

在党风廉政建设方面，坚持围绕中心抓廉政，抓好廉政促发展，坚持惩防并举、注重预防，全面落实党风廉政建设责任制，切实推进党风廉政建设，形成了各级领导干部高度重视、制度建设系统推进、监督检查有效落实、廉洁文化建设师生积极参与的工作局面，为学校健康可持续发展提供了坚强保证。学校定期邀请辅导报告，加强校院领导班子和干部队伍廉政思想建设；坚持党政齐抓共管，纪委组织协调，严格落实责任制，形成了层层分解、全校覆盖、层层落实、以查促改的闭环式党风廉政建设工作格局；抓住涉及人财物的重点领域和关键环节，通过规范权力、监控过程、信息化防控，加强源头预防腐败工作；委持续开展党风廉政宣传教育活动，有效推进学校廉洁文化建设，通过整合力量、搭建平台、创新载体、鼓励参与等举措，不断建设风清气正的育人环境；同时，畅通民主监督渠道，都收到很好的效果。

四、重要党建活动

北京联大自 1985 年建立以来，学校党委按照上级部署认真开展整党、"三讲"教育、保持共产党员先进性教育、学习实践科学发展观、创先争优等活动，顺利通过上级党组织的党建评估检查。

1. 整党。1985 年，北京联大党委受市委教育工委的委托，指导党的关系在市委的 11 所学院，按照"统一思想，整顿作风，加强纪律，纯洁组织"的要求，进行了整党、党员重新登记工作。1985 年 3 月，召开整党工作会议。1985 年 4 月至 6 月，进行第一阶段"端正业务指导思想"的教育。1985 年 7 月，校党委在中山公园中山堂召开整党工作会。1985 年 9 月至 12 月，进行第三阶段"党的纪律"教育。

2. "三讲"教育活动。1999 年 10 月，作为北京高校的试点单位，学校在领导班子中开展了"三讲"（讲学习、讲政治、讲正气）教育活动。

1999 年，北京联大"三讲"动员会现场

3. 保持共产党员先进性教育活动。2005 年 7—12 月，按照市委的统一部署，全校开展

保持共产党员先进性教育活动，经过学习动员、分析评议、整改提高三个阶段，实现了提高党员素质、加强基层组织、服务人民群众、促进各项工作的目标。全校 308 个基层党组织，4032 名党员参加了这项活动。在活动中，学校开展了加强能力建设的主题实践活动。提出了加强校院领导干部办学能力建设、机关干部履职能力建设、教师执教能力建设、学生学习能力建设、后勤服务能力建设等五大系列的能力建设要求。先进性教育活动促进了学校加快制定"十一五"时期发展规划工作的步伐；促进了教学中心地位的确立，提高了教学质量；加强了校部机关的作风建设；促进了集中研究和解决一批群众关心的问题。

4. 党建基本标准检查。2003 年 1 月，市委教育工委印发《北京普通高等学校党建和思想政治工作基本标准（试行）》（以下简称《基本标准》）校党委按照《基本标准》开展学校党建和思想政治工作达标评建工作，着力提升党建和思想政治工作的规范化、制度化、科学化水平，为学校各项事业的发展提供保障。经过 4 年多的建设，2007 年 9 月，学校顺利通过达标检查。通过评建工作，健全了符合我校实际的、多校区办学的党建和思想政治工作体制机制；确定了"多激励、多帮助、多活动、多培养、严管理"的学生工作原则；形成"一个实践育人平台、两个文艺活动舞台和三大经典赛事"为主的"123"校园文化建设格局等党建和思想政治工作特色。

5. 深入学习实践科学发展观活动。2009 年 3—7 月，学校按照市委统一部署开展了深入学习实践科学发展观活动。全校 18 个二级党组织，5160 余名党员和处级以上干部，围绕"优化资源配置，提升管理水平，凝聚发展共识，促进科学发展"的活动主题，积极参加活动。通过学习教育、深入调研、撰写分析检查报告、群众评议、召开民主生活会、整改落实等环节，在理清工作思路、形成发展共识、解决突出问题、加快体制创新、推进科学发展等方面取得成效。通过学习实践活动，校、院为师生员工解决实际问题 251 件。

6. "创先争优"活动。2010—2012 年，按照市委统一部署，在全校基层党组织和党员中深入开展"创先争优"活动。我校以"创建先进党组织，争当优秀共产党员，推动高水平有特色应用型大学建设"为主题，在全校开展了"创先争优，从我做起"的主题实践活动，新建和完善10余项基层党组织建设制度和机制；开展"十佳党支部"创建、"十佳学生"评选、"学先进创'五好'、健身心乐晚年"等系列活动。全校形成了"学先进、赶先进、做贡献、当表率"的自觉性。

7. 党建评估集中检查。2012年10月，学校顺利通过北京市委教育工委对我校党建和思想政治工作的集中检查。经过评建工作，提高了党建工作的科学化水平，促进了教育思想的创新，更加明确了办学指导思想，深化了管理体制改革，优化了资源配置，促进了学校的转型发展。

2014年3月7日，第七次北京市党建和思想政治工作先进校评选考察组一行16位专家到校，进行考察。4月28日，学校收到反馈信息：在第七次北京市党建和思想政治工作先进校评选中，学校党建工作获得市委"北京市党的建设和思想政治工作先进普通高等学校提名奖"，奖励金额20万元。

8. 党的群众路线教育实践活动。按照上级部署和要求，2013年7月，学校开始在党员、干部中深入开展了党的群众路线教育实践活动。8月20日，动员部署大会召开。历时7个多月的活动中，学校把贯彻落实中央八项规定和市委十五条意见作为切入点，严格按照"照镜子、正衣冠、洗洗澡、治治病"的总要求，紧紧围绕"为民务实清廉"的活动内容，坚决反对"四风"，全校18个二级党组织、140多个处级单位、5300余名党员干部积极参与，顺利完成3个阶段的各项工作任务。在北京市属高校党的群众路线教育实践活动总结大会上，北京联大做了经验交流发言。

9. "三严三实"专题教育。为巩固党的群众路线教育实践活动的成果，进一步加强党的思想政治建设和作风建设，按照上级部署，根据《北京联合大学关于在处级以上领导干部中开展"三严三实"

专题教育的实施方案》，校党委要求从5月下旬开始，将"三严三实"专题教育融入全校处级以上领导干部经常性学习教育，与中心组学习、三会一课、年度民主生活会紧密结合。学校各级党委围绕"三严三实"的要求，强化整改落实和立规执纪，组织开展了一系列学习研讨、专题党课、专题民主生活会和组织生活会。

第六章

分校剪影

为提高分校的办学质量和办学效益，1982 年 11 月，北京市政府提出集中力量办好几所大学的思路。1984 年，完成大学分校的调整，原有的 36 所大学分校调整为 18 所，这其中的 15 所为后来组建北京联合大学奠定了基础。

"水千条山万座，我们曾走过。"30 多年前，那些由中小学和各局委办临时腾出的校舍和厂房改建成的简朴教室，照样承载了分校学生刻苦学习、自强不息的青春岁月。

"大学乃大师也，非大楼也。"在当年分校任教和求学的师生中，后来涌现出许多著名人物，可谓群星灿烂！

一、北京大学分校

北京大学分校（以下简称"北大分校"）最早称"北京大学第一分校"，成立于 1978 年 12 月，校址在西城区甘家口原北京市归国华侨文化补习学校。北京大学第一分校设有数学、物理、化学、生物、地理、中文、历史、图书馆 8 个系。1981 年增设法律系。1983 年，更名为"北京大学分校"。1984 年，学校暂时迁到海淀区后八家于庄子双清路中学旧址办公，同时，北大分校学院路新校址开始施工。1985 年 3 月，北大分校加入刚成立的北京联合大学；同年5月，称为"北京联合大学文理学院"，同时在一段时间内仍保留"北京大学分校"的校名。1986年，文理学院迁入一期竣工的学院路校区，实验教学还在双清路校区。1994年3月，北京联合大学文理学院和北京联合大学文法学院合并为"北京联合大学应用文理学院"。

在北大分校时期，北京大学的著名教授王力、丁石孙、侯仁之、周一良、罗豪才、沈克琦、沙健孙、张注洪等先生都曾先后到分校授课，有的还兼任校、系领导。北大分校共培养了5届毕业生达2300余名。1978年11月—1979年11月，著名数学家、北京大学原校长、全国人大常务委员会委员丁石孙曾任北大一分校数学系主任。

位于西城区阜成门外的北大一分校

丁石孙（1927—），江苏镇江人。数学家，数学教育家。曾任北京大学校长，民盟中央主席，全国政协委员，第九届、第十届全国人大常务委员会副委员长。1978年11月—1979年11月曾在北大一分校数学系任教。

在北大分校时期，金宗濂、朱耀廷等中青年教师调入，从此一直效力于北大分校、北京联合大学文理学院、北京联合大学应用文理学院，并在各自的专业领域取得了令人瞩目的成就。

朱耀廷教授（1944—2010），河北安平人。1979 年 12 月调入北京大学分校。长期致力于元史、北京文化史的研究与教学，先后出版《中国传统文化通论》《北京文化古迹旅游》等著作30 余部，公开发表论文 40 余篇。同时，在影视史学开拓创新，在电影、电视剧创作方面也大有建树。由他编剧的电视连续剧《成吉思汗》，将历史的真实性和文艺作品的艺术性做了较完美的结合，受到海内外的广泛赞誉，并借此荣获中国电视剧最高政府奖——飞天奖。

北京市检察院副检察长甄珍、著名导演郑晓龙、著名律师巩沙、北京市公安交通管理局交通指挥中心主任邵杰等，都是北大分校校友。

郑晓龙，北京电视艺术中心总监，著名导演。其代表作品有：《四世同堂》《渴望》《编辑部的故事》《北京人在纽约》《金婚》《后宫甄嬛传》《芈月传》等。1983 年 1 月，毕业于北京大学一分校中文专业。

二、中国人民大学第一分校

中国人民大学第一分校（以下简称"人大一分校"）成立于1978 年 12 月，校址在原崇文区广渠门夕照寺 14 号原北京市 117中学旧址。建校初期，学校依托中国人民大学的教育资源，分设哲学、政治经济学、中共党史、法学、中文、新闻、社会科学情报、计划、统计、财务会计、工业经济、商业经济 12 个专业；1980 年，增设农业经济、世界经济、科学社会主义、物价 4 个专业。1983 年，学校进行教学机构调整，设立 5 个系：计划统计系、工业企业系、财会系、对外经济贸易系、商业经济系。1978 级至 1984 级，学校共有本、专科毕业生 3299 名。人大一分校是一所以经济管理专业为主体，文、理兼有的走读大学。

学子在位于广渠门夕照寺的人大一分校校门前留影

1983 年 7 月，人大一分校与北京外贸学院分院合并，后者的教师大部分进入人大一分校。1985 年 3 月，联大成立后，人大一分校进入，改称"北京联大经济管理学院"。1990 年 9 月，北京联合大学经济管理学院并入北京工业大学，北京联大经济管理学院即行撤销。

三、中国人民大学第二分校

中国人民大学第二分校（以下简称"人大二分校"）成立于 1978 年 12 月，校址在西城区丰盛胡同 13 号。1979 年 2 月，学校首批招生 901 人，设有哲学、中共党史、国际共运史、政治经济学、法律、新闻、档案、中文、国民经济计划、工业经济管理、商业经济管理、农业经济管理、财会、统计、金融 15 个专业。其中档案专业是全国高校开办的第二个档案专业，1981 年起设置的科技档案专业更是在全国开创培养科技档案专业人才的先河。人大二分校共培养 5 届 1600 余名毕业生。在改革实践中，学校逐渐办出档案、法律、新闻等一批有特色的应用文科专业。1984 年，学校暂时迁到海淀区红联村两所小学办公。1985 年 3 月北京联大成立后，人大二分校进入，改称"北京联合大学文法学院"。1994 年 3 月，北京联合大学文法学院与北京联合大学文理学院合并为"北京联合大学应用文理学院"。

人大二分校 78 级档案专业学生在江苏档案馆实习

许崇德（1929—2014），上海青浦人。宪法学家，政治学家，新中国宪法学奠基人之一。他参加过 1954 年宪法起草的辅助工作，全程参与了 1982 年宪法修改，并参加起草香港、澳门两个特别行政区基本法。他较早地提出了"依法治国首先是依宪治国"的观点。1984 年 8 月—1987 年 7 月，许崇德担任人大二分校校长、北京联大文法学院院长，并给学生授课。1986—1992 年，任《北京联合大学学报》第一届编辑部副主任。

四、北京师范大学分校

北京师范大学分校（以下简称"北师大分校"）的前身是成立于 1978 年 11 月的北京师范大学一分校和北京师范大学二分校。一分校（校址在朝阳区原东大桥小学）设立文科系，二分校（校址在当时属东城区、现属朝阳区的安定门外外馆斜街 5 号）设立理科系。1982 年 12 月，一、二分校合并为北京师范大学分校，设有政教系、中文系、历史系、数学系、物理系、化学系、生物系，地理专业停办，主要为北京市中等普通教育培养师资。1985 年 3 月，北京师范大学分校更名为北京联合大学职业技术师范学院。2003 年 2 月，北京联合大学职业技术师范学院改称"北京联合大学师范学院"。

北师大分校→北京联大职业技术师范学院→北京联大师范学院人才辈出。著名文化人于丹 1982 年考入北京师范大学分校中文系，1986 年毕业于（已更名为）北京联合大学职业技术师范学院。

于丹，中国当代知名文化女学者。北京师范大学教授、博士生导师，北京师范大学文化创新与传播研究院院长，北京师范大学艺术与传媒学院副院长，国务院参事室特约研究员。于丹教授也是中国古典文化的普及传播者。她在中央电视台《百家讲坛》《文化视点》等栏目，做过许多精彩讲座。其代表作有《于丹"论语"心得》《于丹"庄子"心得》《于丹"论语"感悟》等。

原中国社会科学院副院长、现任《求是》杂志社社长李捷，为北师大分校历史系 1978 级校友。北京联合大学前任校党委书记徐永利，也是北师大分校中文系 1978 级校友。

北师大分校 1978 级历史系部分学生合影，前排居中为李捷

著名作家、编剧刘恒（《菊豆》《本命年》《贫嘴张大民的幸福生活》等作品的作者，电影《张思德》《集结号》等的编剧），1987年毕业于北京联合大学职业技术师范学院中文专业干修班。

刘恒，著名作家、编剧。本名刘冠军。现任《北京文学》主编，北京市作家协会主席。他的一些小说被改编为影视作品：中篇小说《伏羲伏羲》改编的电影《菊豆》，中篇小说《黑的雪》被改编成电影《本命年》，中篇小说《贫嘴张大民的幸福生活》分别改编成电影和电视剧，尤其后者令他颇为观众所关注。

他是电影《本命年》《菊豆》《秋菊打官司》《画魂》《漂亮妈妈》《张思德》《云水谣》《集结号》《雨中的树》等的编剧，有"中国第一编剧"之称。

五、北京外国语学院分院

1978 年 12 月，北京外国语学院分院和北京语言学院分院（两块牌子一个实体）成立，设有英语、日语、法语 3 个专业，校址在西城区阜成门外西口原北京市华侨文化补习学校。1980 年 3 月，原北京外国语学校与北京外国语学院分院、北京语言学院分院三校合并，合并后仍称北京外国语学院分院（以下简称"北外分院"）；三校合并后，增设德语、西班牙语和俄语专业。

位于海淀区白堆子的原北京联大外语师范学院校园
（照片中的视听说教室是学生观看外国电影的地方）

两位老师在北京联大外语师范学院门口合影

　　1981 年 8 月，北外分院迁至海淀区阜成路白堆子（原北京外国语学校校址），1983 年 2 月—1985 年 7 月，共毕业学生 625 人。1985 年 3 月，北外分院划归北京联合大学，更名为"北京联合大学外语师范学院"。1993 年 3 月，北京联合大学外语师范学院与北京师范学院合并，更名为"首都师范大学外国语学院"。

六、北京第二外国语学院分院

北京第二外国语学院分院成立于 1978 年 12 月，校址位于东城区新中街原 73 中学；由英语、日语 2 个专业合设外语系，含英语、日语、法语 3 个语种，学制为本科 4 年。1980 年，"北京旅游学院筹备处"成立，全国人大常委会副委员长廖承志题写了"北京旅游学院"校名。同年，设立 4 年制本科旅游饭店管理专业。1982 年 12 月，成立翻译导游系、干部培训部，学院形成两系一部，12 个教（科）研室，3 个专业（英语导游、日语导游、饭店管理），3 种学制（普通高等教育、高等职业教育、成人高等教育）的办学体制，初步奠定了学院办学基础。1982 年，我国第一代旅游专业本科毕业生从这里走出，为首都旅游事业的发展注入了新的生机。

1985 年 3 月，旅游学院挂靠北京联合大学；4 月，正式定名为"北京联合大学旅游学院"，并于 1991 年暑期从潘家坡 1 号迁至朝阳区北四环东路 99 号新校区。1987 年，学院公开发行《旅游学刊》杂志，现在它已成为国内旅游学界最权威的一本学术刊物，在国内外具有重要影响。

北二外分院领导与外教合影

旅游学院学生在练习餐桌布置

七、清华大学分校

清华大学分校（以下简称"清华分校"）前身是 1978 年 12 月成立的清华大学一分校（校址在东城区黄化门原 91 中学校舍，以下简称"清华一分校"）、清华大学二分校（校址在原崇文区原沙子口小学。以下简称"清华二分校"）。1982 年 9 月，清华大学一、二分校合并为清华大学分校，正式确定清华大学分校的任务主要是培养工科机、电方面的通用技术人才，规模 1200 人。

1983 年 9 月，北京市政府决定成立北京职业大学（专科），下设经济管理学院、机电学院，规模各 800 人。清华分校（在沙子口校区）承办机电学院，北京职业大学机电学院与清华分校为两块牌子一个办学实体。同时接受世界银行短期大学项目贷款 130 万美元，用于该机电学院的发展。

1985 年 3 月，清华分校更名为"北京联合大学自动化工程学院"，仍可继续使用清华大学分校的名称。1986 年 4 月，北京市委市政府决定，不再使用清华大学分校的名称。1994 年 9 月，北京联大自动化工程学院与北京联大电子工程学院合并，成立北京联合大学电子自动化工程学院。1998年1月，被撤销的北京联合大学建材轻工学院并入校本部，与电子自动化工程学院实行专业统一规划，组建北京联合大学（老）信息学院。2002年1—4月，北京联合大学对原机械工程学院、（老）信息学院、应用技术学院的专业学科进行整合重组，取消了这3个学院的二级法人资格；成立北京联合大学（新）信息学院、机电学院、自动化学院、管理学院，纳入校本部直接管理。俗称"撤三建四"。清华大学分校是现今北京联合大学自动化学院和信息学院的重要前身。

位于沙子口的清华大学二分校校址

清华大学一分校学生参加运动会

清华分校时期，办学主要是依靠从老大学派来或聘来的兼课教师授课。伴随着自动化工程学院的成立，学院积极引进、培养中青年骨干教师、学科带头人，谭浩强、林定基、叶绍英等先后来到学院，后来都成为很知名的教授。这些高水平的师资代表北京联合大学自动化工程学院，在人才培养、科学研究、社会服务等方面取得了相当的成就。

谭浩强教授（1934—），广东江门人，我国著名计算机教育家。他是我国计算机普及和高校计算机基础教育的开拓者之一。谭浩强教授一生创造了三个世界纪录：(1) 20 年来他共编著（含合著）了 140 种、主编 300 多种计算机著作，共 400 多种，是出版科技著作最多的人。(2) 他的著作总发行量达 5000 多万册，是读者最多的科技作家。我国平均每 26 人、知识分子每 1.2 人就拥有一本谭浩强的著作。(3) 他编著的《BASIC 语言》发行了 1250 万册，创科技书籍发行量的世界纪录。此外，他编著的《C 程序设计》发行了 1000 万册。他在中央电视台系统地向全国观众讲授了 BASIC、FORTRAN、COBOL、PASCAL、C、QBASIC、Visual Basic 共 7 种计算机语言，受众超过 500 万人。2000 年 1 月，谭浩强教授被《计算机世界》组织的"世纪评选"评选为我国"20 世纪最有影响的 IT 人物"之一。

20 世纪 70 年代以后，大型国际运动会是否使用先进的电子系统，是评价一个国家组织运动会水平的重要标志。因此，搞好于 1990 年举办的第十一届（北京）亚运会不仅对亚运会本身，而且对于我国申办奥运会都有重要意义。第十一届亚运会电子工程由计算机工程、广播电视工程和通信工程 3 大部分组成，组成的 10 人核心小组，北京联大自动化工程学院就占 2 人。计算机工程由 30 多个单位共同协作完成，北京联大自动化工程学院与冶金部计算中心、清华大学、北京理工大学、北京工业大学并列为 5 大核心单位之一。第十一届亚运会电子工程获 1990 年北京市科技进步特等奖，获奖的主要贡献者 25 人，来自 18 个单位，其中计算机工程占 14 人，就有联大自动化工程学院的林定基等 2 人。该院参加第十一届亚运会计算机工程设计组的全体人员都被评为先进工作者（获评比例是1/10），有 1 人被评为优秀工作者（获评比例是 1%）。1988 年 3 月，北京联大自动化工程学院林定基教授担任第十一届亚运会计算机工程指挥部副总设计师兼设计部主任。

林定基教授（1936—），浙江慈溪人。1984—1985 年担任北京市人民政府首届计算机专业技术顾问。1986—1987 年受国务院电子振兴办公室聘任，担任"银河地震数据处理系统"国家技术鉴定组组长。1987 年，受美国 IEEE 邀请，担任 1987 年 IEEE 亚洲电子学会计算机工程中美专家组成员。1988 年出任第十一届亚运会副总设计师兼设计部主任。

自动化工程学院高度重视英语和计算机课程教学。除了加强英语课堂教学外，还充分利电化教学等手段创造英语学习环境，院广播站每天早晨、中午播放英语节目，校内闭路电视定期重复播放英语课文和必要的英语节目；积极组织英语课外活动，开展各类英语比赛，组织英语板报；设立英语单项奖学金。学院专业英语教学课时为 32 学时，使用系内统一编写的教材；编写专业课程（含专业基础课）基本概念和用语的英汉对照字典；本科学生结合毕业设计必须翻译 5000 字以上的外文资料，作为毕业设计的一部分，记入毕业设计成绩，未完成者不能及格。

为提高学生的计算机应用能力，学院及时开设计算机应用课，增加了全院计算机类课程的开课门数和学生上机时数。经过几年努力，学生计算机应用能力达到市属院校先进水平。1993 年，联大自动化工程学院学生在北京市计算机统考中，及格率为 81.4%，优秀率为 16.8%。

此外，学院还开设了"C 语言程序设计""图形学"等计算机类课程的选修课，把当时计算机界的最新应用成果介绍给学生，拓宽了学生的视野。

以谭浩强教授为代表的北京联大计算机教育工作者，对学院的计算机教育行之有效，水平高，使北京联大的计算机教育水平在北京市乃至全国都处于中高水平。1987年5月6日，北京市高教局召开1986年高校教学成果奖大会，谭浩强教授荣获教学成果一等奖。同年9月7日，中国科协举行"第二届全国优秀科普作品奖"评奖活动，谭浩强教授被评选为贡献突出的优秀科普专家。

清华分校→联大自动化工程学院的教师教育成绩斐然，科研和社会服务成果卓著；学生的培养质量上乘，为人称道，收到很好的社会反响，可谓桃李满京城。1985年5月27日，《北京日报》头版头条报道北京联合大学自动化工程学院（清华分校78级学生）林万鑫，被命名为"全国重点工程青年突击手"。1988年9月1日，《北京日报》头版头条报道北京联合大学自动化工程学院（清华分校78级学生）娄壮获"五四奖章"，并受到北京市委书记李锡铭的接见。娄壮当时是石景山发电厂改建工地的青年突击队队长，他领导的突击队被誉为"铁军"；他还被评为"1988年北京市十大新闻人物"。

八、北京邮电学院分院

北京邮电学院分院（以下简称"邮电分院"）创办于1978年11月，校址在海淀区后八家于庄子原双清路中学旧址。1982年11月迁至海淀区五道口原暂安处小学旧址。1983年2月、9月先后与北京工业学院二分院、北京医学院分院合并，三校合并后校名仍为北京邮电学院分院：无线电工程系设无线电技术专业，信息工程系设应用电子技术专业和通信专业；1985年创建工业管理系，设工业企业管理专业。1985年3月，改称"北京联合大学电子工程学院"。

北京邮电学院分院学生参加建校劳动

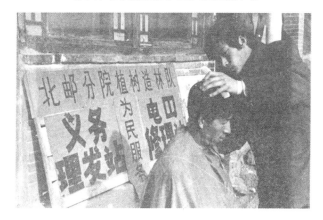

北京邮电分院学生建起义务理发站

1994 年 9 月,北京联大电子工程学院与北京联大自动化工程学院合并,成立北京联合大学电子自动化工程学院。1994 年 9 月—1995 年 12 月,仍维持两院在原址办学的格局。1996 年 1 月,电子自动化工程学院除计算机工程系、自动化工程系暂留在黄化门外,院址迁至北四环东路 97 号北京联合大学校本部。

1998 年 1 月,由北京航空学院分院渊源而来的北京联合大学建材轻工学院并入校本部,与北京联大电子自动化工程学院的专业统一规划,组建北京联合大学信息学院和应用技术学院。(这时的信息学院,相对于 2002 年"撤三建四"当中新建的信息学院而言,是"老"信息学院。)

2002 年 1—4 月，北京联合大学对原机械工程学院、（老）信息学院、应用技术学院的专业学科进行整合重组，取消了这 3 个学院的二级法人资格；成立北京联合大学（新）信息学院、机电学院、自动化学院、管理学院，纳入校本部直接管理。俗称"撤三建四"。由此可知，北京邮电学院分院是现今北京联合大学信息学院的重要前身之一。

邮电分院→北京联大电子工程学院在学科建设、教材建设、应用性科学研究等方面都取得了较好成果。邮电分院建院之初从重点大学引进的一批骨干教师，还有第一、二届留校的青年教师，现在都已成长为各学科的带头人和骨干教师。1978 年以来，学院教师编写并公开出版专业教材，在业内获得很大认可。1995 年 12 月，王毓银教授编写的《脉冲与数字电路》获国家教委优秀教材一等奖，并被全国高校工科电工教材编审委员会指定为高校通用教材。1985 年，学院无线电技术系研制的"紫外火焰探测器"和"通用火灾报警控制器"，获两项国家发明专利。1988 年 4 月，电子工程学院与北京联大校本部合办的"北京联合大学应用电子技术开发研究所"挂牌成立；当年下半年，改为学院应用电子技术开发研究所，赵长奎任所长。

学院非常重视学生体育。1979 年年初，学院就组建了学院男女排球和篮球等代表队。从 1983 年起，陆续引进体育教师，并在当年组建体育教研室，还聘请 1 名退休体育教师做顾问。学院在场

1983 年 8 月，邮电分院学生女排获得北京市高校排球联赛女子组第一名

地和设施缺乏的情况下，充分利用校园内的零散空地，坚持学生上课间操制度。从 1980 年起，每年有组织地进行篮球和排球班级男女联赛，并组织冬季象征性长跑活动和长跑比赛。从 1979 年开始，学院积极参加北京市高校各类体育比赛，并获得一定奖励。1983 年 8 月，邮电分院学生女排获得北京市高校排球联赛女子组第一名。由于学院重视群众性体育活动，曾受到北京市高教局的表扬。

九、北京工业大学第一分校

北京工业大学第一分校（以下简称"北工大一分校"）成立于 1978 年 12 月，校址在朝阳区白家庄西里（原北京工业学校旧址），隶属于北京市高教局；1980 年改为归属北京市机械工业局领导。1985 年 3 月，北工大一分校改名为北京联合大学机械工程学院。2000 年 12 月，北京联大机械工程学院与校本部合并。2002 年 1—4 月，北京联合大学"撤三建四"，对原机械工程学院、（老）信息学院、应用技术学院的专业学科进行整合重组，新成立北京联合大学机电学院、（新）信息学院、自动化学院、管理学院。北京工业大学第一分校及后来的北京联合大学机械工程学院，是现今北京联合大学机电学院的主要前身。

北工大一分校 78 级学生在进行毕业设计

北工大一分校高希正老师在指导学生毕业设计

工大一分校→北京联大机械工程学院具有较强的科技研发实力。1978—2000 年，经学院和上级主管部门鉴定（验收）的各类科技项目共计 59 项；同期，学院获得各级科技成果奖励 45 项，其中获省、部级以上科技成果奖 21 项。由孙培惠教授主持的北京市高教局支持的"八五"重点科研项目"高络铸铁在不同条件下耐磨性研究及应用"、由王福贞教授主持的"阴极电弧源离子渗金属技术"等较有影响，分别荣获北京市科技进步二等奖和三等奖。1978—2000 年，北工大一分校→北京联大机械工程学院共获得专利授权 11 项。其中"双带输送机""阴极电弧源离子渗金属技术与设备"和"新型电弧控阴极电弧源"等获企业转让费，或被企业采用。

王福贞（1935—），教授，河北南宫人。1984 年调入北京工业大学一分校（今北京联合大学机电学院前身），1986 年与航天部六九九厂合作研制成新型空心阴极离子镀膜机荣获航天部科技进步二等奖。1994 年研制成的大弧源多弧离子镀膜机评为北京市高新技术产品。1994 年以后获得以旋转磁控柱状弧源为核心的系列多弧离子镀膜技术专利 10 项，发表论文 30 余篇，出版《表面沉积技术》等专著。

十、北京航空学院分院

　　1978 年 12 月，北京航空学院一分院和北京航空学院二分院分别成立。1982 年 11 月，两者合并为北京航空学院分院（以下简称"北航分院"）。建院之初，设置了计算机应用、工业电气自动化、液压传动及自动控制、电子仪器、测量技术、系统工程与管理、材料科学与工程、机械工程与自动化、工业自动控制 9 个专业。1983 年 12 月，北京师范学院分院（以下简称"北师院分院"，校址位于原宣武区西砖胡同 55 号）和北京第二医学院一分院（以下简称"北二医一分院"，校址位于原宣武区盆儿胡同 55 号）部分教职工连同其原有校舍并入北航分院。1984 年 3 月，根据北京市政府批示，西砖胡同 55 号移交原宣武区教育局；同时，北航分院租用位于天宁寺的 131 中学部分教室办学。从此，原宣武区盆儿胡同 55 号为北航分院校址。

北航分院部分教职工合影

北航分院 78 级部分毕业生合影

1985 年 3 月，北航分院归入联大，更名为北京联大轻工工程学院。1986 年 9 月改称北京联大建材轻工学院。1997 年 12 月，建材轻工学院建制撤销，并入北京联大校本部，与电子自动化工程学院合并，组成（老）信息学院和应用技术学院。

2002 年 1—4 月，联大"撤三建四"，对原机械工程学院、（老）信息学院、应用技术学院的专业学科进行整合重组，成立北京联合大学（新）信息学院、机电学院、自动化学院、管理学院。因此，北航分院→北京联大轻工工程学院→北京联大建材轻工学院，与管理学院等上述 4 个学院，都有一定的"亲缘"关系。

十一、北京工业学院分院

北京工业学院（今北京理工大学）第一分院，创建于 1978 年 12 月。1982 年 12 月更名为北京工业学院分院；主要为北京市培养纺织工程方面的专门人才，设棉纺、机织、毛纺织、机械、针织 5 个专业；毕业生主要面向北京市纺织系统分配，使当时纺织系统技术人员严重缺乏的情况得到缓解和改善。1985 年 3 月 6 日，更名为北京联合大学纺织工程学院。1997 年 12 月 31 日，更名为北京联合大学商务学院。

北京工业学院分院→北京联大纺织工程学院期间，学院教师取得了多项关于纺织机械、羊绒开发利用、纺织工艺、印染、脱色等方面的纺织科研成果和专利。

进入 20 世纪 90 年代以后，学院在联合社会力量办学方面取得重要突破。1994 年，北京联大纺织工程学院与中央工艺美术学院退休教授联合创办的北京现代实用美术专修学院，取得了很好的社会效益和经济效益；到 2000 年，该学院已为社会培养学生 1000 名。学院与时俱进、审时度势，不断根据时代发展变化而调整专业设置乃至学院定位，成功走出了一条由纺织工科院校向商科院校的转型之路。在经过广泛调研和缜密思考之后，北京联合大学商务学院于 2000 年，在市属高校中率先以"3+1"模式开展中外合作办学，不仅拉开了学院国际化办学的序幕，也为北京联大探索国际化办做作出了开创性贡献。

北京工学院一分院部分领导合影

北京工业学院分院 1981 年运动会

十二、北京中医学院分院

北京中医学院分院创建于 1978 年 11 月，校址设在安定门外蒋宅口原和平北路小学。该分院创立时设有中医、中药两个专业（1991年 6 月成立中医系，1993 年 3 月成立中药系）。北京中医学院分院立足北京、面向社会、城乡兼顾，1980—1984 年共招收 5 届 202名学生。

1985 年 3 月，北京中医学院分院归属北京联合大学，更名为北京联合大学中医药学院。1986 年 6 月，北京卫生职工学院中医部并入北京联大中医药学院。北京联大中医药学院有安定门外和平里北街 22 号和东四十条 27 号两个校区。2001 年 2 月 12 日，根据北京市教委（京教计〔2001〕11 号文），北京联合大学中医药学院并入首都医科大学。

北京中医学院分院→北京联大中医药学院的学术氛围浓厚，学院及师生凭借自己的学术专长经世致用，取得了很好的学术造诣、社会知名度，乃至经济效益。1984—2000 年，全院教师在全国核心期刊上共发表科学论文 114 篇；1986—1999 年，教师共出版著作

129 部（内部刊物、内部教材不在统计之列）。1986 年，学院创办了为中医药高等教育、科研、临床医疗服务的综合性刊物《北京联合大学中医药学院学报》。从 1989 年起，学院在业内负有盛名的《北京中医》杂志上建立"北京联合大学中医药学院专栏"，由学院负责组稿，1989—2000 年每年 6 期，12 年共发刊 72 期，刊登论文 227 篇。学院的"改良清胆退黄汤药效学及其作用机理的研究""厚朴酚药效学及其作用机理的研究""中医古籍脾胃知识库""中医教学题库、软件系统研究""软肝煎"，治疗乙型慢性肝炎等研究成果，在 20 世纪 90 年代获得省、部级以上科技成果奖励。1991 年，学院的"乙肝清热冲剂"及"脾胃方药知识库"两项科研成果在 1991 年国际传统医药大会上荣获参展铜牌。钱英教授总结出的"调肝颗粒剂"在业内很有名气。2000 年，周耀庭教授的"五脏方药知识库介绍——一种新型的中医药计算软件系统"荣获第 5 届世界传统医药国际优秀科技成果奖。

1997 年，高忠英、周耀庭被国家中医药管理局命名为"全国老中医药专家学术经验继承工作指导老师"（俗称"国家级名老中医"）；2001 年学院并入首都医科大学之后，原在北京联合大学中医药学院任教的钱英、李世增、王鸿谟、高益民教授也都获此殊荣。

北京中医学院分院→北京联大中医药学院的学生也非常优秀。1981 年 4 月 27 日，北京中医学院分院 78 级学生张仲君在车道沟附近与一名解放军一起抢救落水的老人和儿童。1988 年 5 月，北京联大中医药学院 84 级学生徐建中撰写的《实用耳穴诊疗手册》一书获得"北京地区大学生科技节"科学成果奖。1992 年 5 月 20 日，北京联大中医药学院 87 级学生陈彤代表学院到中南海怀仁堂参加毕业生代表座谈会，受到江泽民总书记的接见。

1988 年 12 月，北京联大中医药学院成立中医门诊部，设立于东四十条 27 号（学院南院校舍内），平均年门诊量在 4000 人以上。1993 年 8 月，学院成立中药制剂室。1994 年，学院成立中医美容中心。学院还结合科技活动周、院庆 10 年 20 年等契机，多次举办义诊；时任北京市委宣传部长龙新民、市委副书记金鉴等都曾亲临义诊现场。

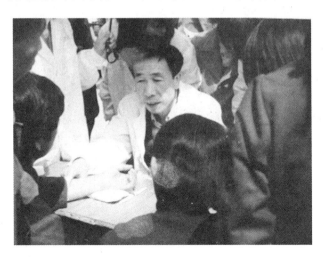

北京中医药学院分院师生经常举行义诊

十三、北京化工学院分院

北京化工学院分院筹建于 1978 年 12 月，当时称北京化工学院第一分院，校址位于什刹海湖畔的西城区前海东沿 50 号；学院同时接受北京市和北京市化学工业局的双重领导。北京化工学院第一分院建院时，设化工分析、无机化工、有机化工、高分子化工、高分子材料、化工机械、橡胶机械、塑料机械、化工腐蚀与防护、化工自动化及仪表共 10 个专业。

1983 年 4 月，大学分校调整时更名为北京化工学院分院，为北京市化工局局管大学，由北京市化学工业局自办和管理。1983 年重新招生时，设工业分析、化学工程、高分子化学、高分子材料 4 个专业。

1985 年 5 月，北京化工学院分院加入北京联合大学，定名为北京联合大学化学工程学院，仍由北京市化学工业总公司主管。1989—1996 年，北京联大化学工程学院与北京化学工业集团、北京炼焦化学厂开展产学合作教育，实行厂校联合办学，企业为学院投资建设了堡头新校舍，极大地改善了学院的办学条件。1996 年 8 月 30 日—9 月 13 日，全院正式迁至堡头西里 3 区 18 号新校址办学。

2000 年 4 月，根据北京市教委、市经委《关于调整市经委系统所属 30 所学校管理体制的实施意见》，学院并入北京联合大学；从同年 9 月开始，按照新的管理体制运行，不再由化工局主管。2002 年 7 月，北京联合大学化学工程学院更名为北京联合大学生物化学工程学院。

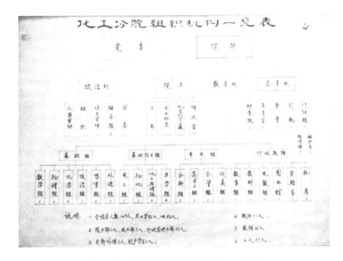

北京化工学院分院组织机构一览表

北京化工学院分院部分教师在校门前合影

1980年，学院"活性超细碳酸钙"项目研究取得成功并转让给河北丰润、山东烟台等地，获得了一定的经济效益。1987年，学院在北京高校中第一个建立精细化工专业，并于1993年成立精细化工研究所（1995年撤销）。王兴平副教授领导的固化型静电植绒胶研究，在1991年3月以"带料面的改性禽裘"获得国家实用新型专利；王俊教授等研究的"常温固化型静电植绒黏合剂及其应用"在1998年获得国家发明专利。

从最初的北京化工学院第一分院到后来的北京联合大学生物化学工程学院，学院始终重视对学生德育方面的培养，1994年9月，联大化学工程学院93级学生丁立在南戴河旅游期间，两次奋不顾身抢救溺水群众，受到北京市东城区人大的表扬。

十四、北京航空学院第三分院

北京航空学院第三分院（以下简称"北航三分院"）1978年12月创建于丰台区万源路中国运输火箭技术研究院（航天部一院）院内，受航天部一院领导，其学籍管理、招生、毕业生分配归北京市高教局。1985年5月，加入北京联合大学，更名为北京联合大学航天工程学院；时任中央军委副秘书长的张爱萍同志为学院题写院名。1992年9月1日，航天工程学院从北京联合大学划归北京航空航天大学，并更名为北京航空航天大学分校。1992年年底，北京航空航天大学分校撤销。

北航三分院初建时设有系统工程、高分子材料专业；1979—1985年又增设电子仪器及测量技术、计算机软件、机械设计及制造专业、无线电、电子设备结构设计等专业。

北航三分院及后来的北京联合大学航天工程学院均取得了丰硕的科研成果。1981—1982年，学院承担并完成国家科委和国家保密局委托的研究项目《科研成果密级划分评价指标体系研究》的部分研究成果《评价指标的内涵分析及其权重分配方法研究》等课题。学院教师研制的 2501 数字式振动仪为国内领先水平，获北京市 1989 年仪表局二等奖；《振动与冲击传感器特性规范》等 2 项部颁标准，获航天部 1989 年二等奖。学院还开发了汽车衡、电子钢水称重仪等几十项科技成果。从 1988 年开始，学院的科技开发以设备诊疗技术为重点，在初期主要利用引进国外诊断仪器，结合自身的知识和技术为社会提供有偿服务；到 1992 年年底，研制的传感器近 2000 支、仪器和系统 100 余台。还对外开展诊断技术培训班，取得了较好的社会效益。

学院教师还结合自身特点和技术专长，积极提供社会服务。1990 年，学院被国家科委确认为有资格承担高层次科技管理干部岗位培训的学院之一。仅在 1988—1992 年年底，就举办岗位职务培训班 29 期；还举办过各种计算机高级语言、优化设计等培训班。

1992 年 5 月 20 日，学院 88 级学生黄栩参加了在中南海怀仁堂举办的首都应届高校毕业生座谈会，受到江泽民总书记的接见。

十五、北方交通大学分校

北方交通大学分校于 1978 年 12 月成立，校址设在海淀区北蜂窝（原铁路第八子弟小学院内），由北京市高教局主办。1983 年 4 月，铁道部电气化工程局接管学校，并租用海淀区海淀公社颐和园路乙 2 号做临时办学校园。1985 年 5 月，北方交通大学分校加入北京联合大学，定名为北京联合大学电气化铁道学院，原来的隶属关系不变；学院位于海淀北路操场乙 2 号。1989 年 12 月 16 日，经北京市政府批准，从即日起学院撤销。

1979 年北方交通大学分校成立时，设有无线通信、有线通信、铁道运输组织及自动化、内燃机车、机车电传动 5 个专业。1983—1985 年设置交通信号与控制、多路通信（铁道有线通信）专业。主要培养铁路运输现代化专门人才。

结 语

光阴荏苒，转眼间，大学分校暨北京联合大学已走过30余年艰辛而又多彩的风雨历程。她在北京市委市政府和各大学本校的鼎力支持和帮助下，用双脚踏出了一条从相当困难的条件下艰苦奋斗，不断攻坚克难，并有所担当、有所成就的道路，为改革开放以来的首都北京，乃至全中国，做出了自己独特而重大的贡献。

北京联合大学是改革开放之后全国各地如雨后春笋般建立起来的分校群中，较完整地生存下来且体量最大的办学实体；而今发展成为一个不容忽视的巨大存在。这件事实本身，就足以让全体联大（含大学分校）人自矜。

回顾学校的办学历史，对于我们积累和总结办学经验与成果，开展传统教育和优良校风教育，增强全校师生和全体校友对母校的认同感和凝聚力，都有重大的借鉴和激励作用。

这本校史读本是在档案（校史）馆自2010年3月成立以后，本馆全体同人经年来断断续续，向全校各单位和众多老领导、老同志搜集的各类资料基础上，再做梳理，做成校史展的成果基础上形成的。

历史的记载是一个不断地搜集、整理、考辨资料的过程。过一段时间再回望北京联合大学的历史，仍然能发现不少新的疑问或尚未厘清的事情。我们遇到的现状是，围绕许多具体的历史事件，由一些零乱、分散的碎片汇聚起来的一些资料，尚不能形成一条完整的史料链，即仍缺少丰富、翔实的史料；再加上我们个人的才疏学浅、功力所限，难免挂一漏万。所以现在能够呈献给读者的，是一个连我们自己都觉得差强人意的联大校史小册子。

好在历史还在不断发展，也在不断被人发现。在当今的北京联合大学，学校的历史受到前所未有的重视。这是北京联合大学的幸甚。今天的这本小册子，无疑是抛砖引玉。我们随时期待着各位老领导、老同志、广大校友，目前在北京联大工作和学习的师生员工，以及所有关心北京联大的各界朋友为我们提供各类校史资料。

若干年后，我们再奉献给大家一本内容更丰富、更完备的校史。

结语

后 记

2011 年春，在学校领导的高度重视下，校史展陈工作正式全面启动。2013 年 10 月，北京联合大学校史展在档案（校史）馆全体同仁近 3 年的奋力拼搏和全校各学院、各单位、校内外各界热心人士的大力支持下开展。

实际上，从 2010 年下半年起，最初的校史资料搜集、整理工作已开始起步。从 2011 年春开始，学校陆续聘请黄海洋、孔繁敏、朱晓言、石春永、李月修、荀振茹、牛志民、陈朝雁等同志参与校史展脚本的编写，做了大量的前期基础性工作。学校先后召开近 20 个座谈会，邀请当年的老教师、老领导，现在学校工作的校友，学校各学院各部门各有关单位的领导、老师座谈，回顾历史，畅谈感想，并对"正在进行时"的校史展脚本（提纲）提出修改意见。

如今，校史展馆已建成并对外开展两年有余。为使学生加深对校史的了解，铭记和传承北京联合大学（暨大学分校）的宝贵精神财富。在主管校领导、校纪委书记张楠同志的具体指导下，杜鸿燕馆长带领馆里几位同志，以校史展陈的内容为主体，补充了一些相关资料和内容，撰写形成了"校史读本"。具体分工如下：第一、六章，文松、宋丽新；第二章，柳鹄；第三章，闫龚；第四章，张宇。第五章，宋秦、文松。文松承担全书的统稿工作；宋秦承担全书的审核和版式策划工作。"校史读本"稿初成后，张楠书记 10 次审阅，从各方面提出修改意见。其间，我们还先后向 20 余位北京联大老领导、时任和现任校领导、部分单位的负责人征求意见，前后 12

易其稿，终于形成了今天这个简明校史读本。

"读本"中的数据，主要是引自 2012 年年底学校第四次党代会报告、2014 年 3 月学校党建和思想政治工作先进校评选综合报告，还有我们平时搜集积累的各类相关资料。

"读本"中的照片，主要来源于全校离退休或现任教职员工、校友以及各界友好人士的捐赠（或允许扫描），以往学校党校办的档案室→档案（校史）馆的工作积累，学校党委宣传部的提供。在此，我们向为学校建设付出艰辛的老领导、老同志、老教师们致以崇高的敬意和谢忱。

在向各单位搜集、核实资料的过程中，我们得到全校各学院、各部门和有关单位，以及校内外各界人士的大力帮助。在此，由衷地表示感谢。

"读本"的视界跨越 30 余年，我们时常遇到资料不全、不系统、数据核实困难等情况，加之我们水平有限，肯定会存在疏漏和不妥之处。恳请各位读者批评指正，并帮助提供相关线索，以备我们日后进一步完善。

编　者

2016 年 1 月

后记

简明
北京联合大学
校史读本

附　录

部分大学分校初创时期领导班子成员

学校	姓名	职务	任职时间
北京大学 第一分校	胡聚长	领导小组组长	1978.10—1980.12
	胡聚长	临时党委书记	1980.12—1982.12
	尹企卓	校长	1980.12—1981.1
中国人民大学 第一分校	孙乃东	临时党委书记	1978.11—1985.3
	余进	党委书记	1984.10—1985.3
	李德良	校长	1984.11—1985.3
中国人民大学 第二分校	顾炎	领导小组组长	1978.12—1980.11
	顾炎	临时党委书记	1980.11—1984.8
	于云岭	党委书记	1984.8—1985.3
	许崇德	校长	1984.8—1985.3
北京师范大学 第一分校	陈之光	领导小组组长	1978.11—1980.4
	赵先	领导小组组长	1979.11—1982.12
北京师范大学 第二分校	冀民	领导小组组长	1978.11—1983.8
北京外国语 学院分院	刘寿彭	领导小组组长	材料不详
	刘寿彭	党委书记	1981.6—1984.7
	刘寿彭（兼）	院长	1981.6—1984.7
	周起骧	院长	1984.7—1985.3
北京第二外国 语学院分院	陈苏光	党委书记	1978.12—1982.12
	张忠实	院长	1982.12—1985.3
清华大学 第一分校	孙涛	领导小组负责人	1978.11—1980.11
	孙涛	党委副书记	1980.11—1982.8
	何作涛	副校长	1980.11—1982.8
清华大学 第二分校	马乐清	临时领导小组负责人	1978.11—1980.3
	郭霖	临时领导小组负责人	1980.3—1980.11
	郭霖	党委副书记	1980.11—1982.8
北京邮电 学院分院	丁龙潜	负责人	1978.11—1980.11
	丁龙潜	临时党委书记	1980.11—1985.3

学校	姓名	职务	任职时间
北京工业大学第一分校	袁永厚	临时领导小组组长	1978.12—1980.3
	郅文林	临时领导小组组长	1980.3—1984.10
	刘茵	党委书记	1984.10—1986.8
	陈仁高	校长	1984.10—1985.3
北京航空学院第一分院	夏阳	领导小组负责人	1978.12—1982.12
北京航空学院第二分院	张奇生	领导小组负责人	1978.12—1982.12
北京工业学院第一分院（1982年12月更名为：北京工业学院分院）	李昭（兼）	领导小组组长	1978.12—1983.1
	程槐卿	党委书记	1983.1—1984.9
	邱嗣法	党委书记	1984.9—1985.3
	杨光世	院长	1983.1—1985.3
北京中医学院分院	高敏	领导小组组长	1978.11—1980.7
	张铣	领导小组组长	1980.7—1980.11
北京化工学院分院	孙长俊	临时负责人	1983.12—1984.6
	高致民	院长	1983.4—1983.12
北京航空学院第三分院	杨宏声	党委书记	1978.12—1985.3
北方交通大学分校	曾洁光（兼）	领导小组组长	1978.12—1985.3
	王天民（兼）	党委书记	1983.3—1985.3
	佟永祥	党委书记	1984.6—1985.3
	黄时永	校长	1983.3—1984.9
	张仲述	院长	1984.9—1985.3

北京联合大学历任校长一览表

姓名	任职时间
谭元堃	1985.2—1987.10
李恩元	1987.10—1990.12
李煌果	1990.12—1994.3
李月光	1994.3—1999.3
熊家华	1999.3—2001.3
张妙弟	2001.3—2007.4
柳贡慧	2007.4—2011.8
卢振洋	2012.8—2016.12
李学伟	2016.12—

北京联合大学历任书记一览表

姓名	任职时间
张玉如	1992.11—1994.1
熊家华	1994.1—2002.8
席文启	2002.9—2008.6
徐永利	2008.6—2015.6
韩宪洲	2015.6—